Clér

100 % ***vacances***

SOPHIE DIEUAIDE

Née en 1962, Sophie Dieuaide a publié une trentaine de romans, albums, bandes dessinées et reçu de nombreux prix littéraires. Avec un humour tendre et parfois mordant, elle plonge ici dans l'univers de collégiennes d'aujourd'hui, de toutes jeunes filles, pas si romantiques que ça...

Site Internet : www.sophie-dieuaide.com

Sophie Dieuaide

100 %
vacances

hachette

Cet ouvrage est la reprise de deux livres
de la série *Sabine-Juliette.com*
parus initialement dans la Bibliothèque Verte,
chez le même éditeur :
Enfin les vacances ! et *Qui veut le journal ?*

Juliette

Moi, Juliette, je voulais d'abord me présenter mais n'allez pas en conclure que j'adore parler de moi, de moi et encore de moi. N'écoutez pas les mauvaises langues... Je suis même plutôt discrète, c'est ça ! Discrète et réservée. Si, si ! J'adore vous raconter tout ce qui m'arrive mais ne vous attendez pas à des choses trop personnelles si vous voyez ce que je veux dire... Bon, j'y vais !

Prénom : Juliette **Nom :** Lambert

Âge : 14 ans.

Description physique : (En résumé, disons que je m'aime bien.)

Taille : Je ne suis pas très grande mais je ne me sens pas petite.

Poids : Ça ne vous regarde pas mais je ne suis pas grosse.

Défaut : Mes cheveux ! Je m'en occupe tout le temps mais rien à faire... ça cloche !

Ma famille : Mes parents et mon frère Mathieu (trois ans de moins que moi, presque quatre). Nos parents sont sympas mais nos secrets, on les garde pour nous. On habite dans un appartement vieux, chouette et encombré mais on s'y retrouve (j'ai ma chambre pour moi toute seule).

Je sens que j'oublie quelque chose... Ah oui !

Résultats scolaires : Bon, le collège, ce n'est pas une passion mais je ne suis pas allergique non plus, voilà, c'est dit !

Sabine : C'est mon amie depuis la maternelle. Depuis la sixième, on n'est plus dans la même classe mais ça ne nous a pas séparées. Rien et personne n'y arrivera de toute façon ! Surtout depuis qu'on a créé *Sabine et Juliette, Conseils* ! Mais ça... vous comprendrez plus tard...

Note : Re-re-redemander à Sabine de faire sa fiche !

Sabine

Salut, je suis Sabine ! Je vais la faire, cette fiche, puisque Juliette me tanne mais je n'ai pas l'habitude de raconter ma vie, moi.

Prénom : Sabine **Nom :** Daumier

Âge : 14 ans.

Description physique : Je suis rousse et peut-être un tout petit peu enveloppée, un tout petit peu !

Défaut : Je ne vois pas…

Caractère : Je suis presque toujours de bonne humeur. Il paraît que je suis émotive, que je ris et que je pleure pour un rien (ce n'est pas faux).

Ma famille : Je vis avec ma mère. J'ai aussi une grande sœur mais elle fait des études en Angleterre. Juliette (qui lit par-dessus mon épaule) me dit d'être plus précise sur ma famille mais je n'en ai pas envie.

Résultats scolaires : J'aime bien l'école, en tout cas plus que Juliette (qui vient d'aller se chercher un verre d'eau).

Sports : Danse et natation.

Ce que j'adore : Les vêtements avec plein de couleurs et les bracelets. Et aussi le chocolat. Et aussi Johnny Depp. Et j'adore être tout le temps avec Juliette et Mathieu (son frère), et j'adore qu'on ait fait *Sabine et Juliette, Conseils* parce que j'aime bien m'occuper des autres.

Bon, c'est un peu en vrac tout ça mais j'avais prévenu que je n'ai pas l'habitude.
Voilà ! Je l'ai fait ! Ouf !

Mathieu

Salut à tous ! C'est moi, Mathieu !
Juliette ne m'a pas demandé de fiche, ni de photo, bien sûr ! Il n'y en a que pour elle et sa copine ! Je suis là pour le décor ou quoi ? Ma sœur est pourtant très, très gentille quand elle a besoin de moi pour *Sabine et Juliette, Conseils*. Elle est même adorable quand elle a un problème avec notre ordinateur. Mais là, elle ne m'a même pas demandé de me présenter ! Tant pis : je le fais quand même !

Prénom : Mathieu **Nom :** Lambert

Âge : 10 ans.

Résultats scolaires : Je suis en CM2 et ça se passe très bien mais je ne donnerai pas mes notes, je sais que ça énerve. Ce n'est pas prétentieux, c'est vrai ! Je ne vais quand même pas m'excuser !

Ma famille : La même que ma sœur mais moi, je suis « le petit dernier ». Ceux qui sont dans la même situation comprendront…

Mes passions :

1. L'informatique. Sans moi, Sabine et Juliette seraient encore en train de chercher le bouton "ON-OFF" de l'ordinateur...
2. Faire la cuisine !
3. Lire des romans policiers.
4. L'école mais je l'ai déjà dit.
5. Les Legos mais c'est fini. Maintenant j'ai passé l'âge de jouer à ces trucs de petits.
6. Les chiens ! C'est mon nouveau rêve : avoir un chien géant !

Maintenant vous savez tout, à plus !

1

Un havre de paix...

On n'avait pas volé de se reposer un peu. Depuis le mois de septembre, Sabine et moi, on n'avait pas eu une seule vraie période de détente. Les vacances de Noël, de février et même celles de Pâques, nous les avions passées à nous occuper de nos clients ! Tous les élèves du collège en avaient profité, tous, sauf nous. Il faut dire aussi qu'on était les seules à avoir créé notre petite entreprise. Jours de semaine, soirées, week-ends, vacances scolaires : nous n'avions pas arrêté de conseiller ceux qui avaient un problème de look, un problème familial ou scolaire à régler, et dans un collège normal, ce n'est pas ça qui manque !

C'est donc avec plaisir que nous avons regardé mon père donner un énergique coup de clé dans la serrure de la porte de notre appartement. Adieu l'agenda bourré de rendez-vous, adieu l'ordinateur, adieu les e-mails et notre site internet ! J'ai même hésité à laisser mon portable. À peine dans la voiture, j'avais déjà oublié la couleur des murs du petit bureau. Le 7 juillet à neuf heures pétantes, ma famille, ma copine Sabine et moi, on rejoignait joyeusement le troupeau des embouteillages de l'autoroute de l'Ouest.

Dire que la famille était joyeuse, c'est un peu exagéré. Mon frère Mathieu faisait même franchement la tête, il ronchonnait. On ne l'écoutait pas, Sabine nous lisait le dépliant du camping.

— Ça va être super ! ***Perdus dans la forêt de pins, face à l'océan, à l'écart des routes, Les Flots Bleus sont un havre de paix...*** Vous êtes trop sympas de m'inviter ! Écoutez ça... ***Des emplacements clos et arborés, des équipements*** *modernes, Les Flots Bleus, camping*** vous promet des vacances sans souci...*

— Sans souci, c'est exactement ce dont j'ai besoin ! s'est écriée ma mère. Sans souci ! Sans contrainte ! Le rêve !

J'ai croisé le regard un tout petit peu inquiet de mon père dans le rétroviseur mais il n'a rien dit. Le camping, il n'en avait jamais fait de sa vie. C'était une idée de ma mère pour changer un peu, pour vivre une nouvelle expérience...

— Les Flots Bleus ! Rien que le nom est débile ! a protesté Mathieu. Ça promet !

— Bougonne, mon fils, bougonne, a rigolé maman. Je suis certaine que tu seras heureux comme un roi là-bas ! Et, de toute façon, nous sommes en route. Même si nous le souhaitions, c'est beaucoup trop tard pour changer d'avis !

Pour être trop tard, c'était trop tard. Comme l'avait fait remarquer papa, rien que pour amortir les dépenses en matériel, à moins de s'installer à l'année, il faudrait qu'on passe toutes nos vacances au camping pendant les dix prochaines années. Maman était rapidement tombée d'accord avec le vendeur du magasin spécialisé pour dire que vivre au grand air n'exclut pas un minimum de confort. Une tente ne doit pas être trop petite ; un auvent et des chaises longues sont appréciables ; une glacière, des duvets, des matelas, des sièges pliants, de la vaisselle en plastique, des lampes, un réchaud, in-dis-pen-sa-bles ! À la caisse, elle avait reconnu avec une grimace que c'était pire que ses plus sévères prévisions. Et à ce moment-là, on ne savait pas encore qu'on aurait besoin d'une remorque.

— J'adore la mer, ce n'est pas le problème, a renchéri Mathieu, mais on aurait pu louer quelque chose dans une petite ville avec une plage. Comme ça, on avait tout : le sable, l'eau, le soleil et, au moins, le soir en rentrant, on aurait pu regarder la télévision ou jouer à la console comme des humains normaux ! On aurait même pu emmener l'ordinateur !

Pendant tout le trajet en voiture, il nous a

répété qu'il était un garçon des villes, lui, qu'il avait besoin de voir du monde, et même d'entendre du bruit.

— C'est une question de mutation génétique, expliquait encore Mathieu à nos parents après le péage. Vous nous avez fait vivre dans le confort moderne, le matériel high-tech, alors notre corps s'est habitué, c'est tout ! Même la pollution, on finit par en avoir besoin, c'est notre environnement naturel, notre biotope comme dit la maîtresse. Qu'est-ce que je vais devenir, moi, perdu dans la forêt de pins comme un sauvage ? Ce n'est pas bon pour mon équilibre psychologique, des endroits pareils, je sens que ça va me stresser…

— Ce qui n'est pas bon pour mon équilibre psychologique, ce sont les enfants jamais contents ! a dit mon père qui essayait de doubler un camion. Maintenant, tu te tais, tu regardes par la fenêtre et tu comptes les voitures bleues !

— Mais je ne suis plus un bébé pour jouer à ça !

— Silence !

Le paysage devenait assez joli. Il y avait de moins en moins de maisons. Sabine n'en ratait pas une miette. Le nez collé à la vitre, elle s'enchantait de tout.

— Oh ! Une vache !

— Elle ne compte pas, elle est blanche ! a grincé Mathieu.

Après le pique-nique, la voiture a pris de l'essence et mon père un double café sans sucre. Vers treize heures, on est enfin sortis de l'autoroute.

— Il nous reste une soixantaine de kilomètres, a annoncé maman. Ah, j'entends déjà la mer !

— T'as des oreilles bioniques ? a ricané Mathieu.

Elle n'a pas répondu, elle souriait, les yeux fermés, on approchait.

Bref, une petite heure, dix-sept vaches et quarante-quatre voitures bleues plus tard, on est passés sans hésitation sous un grand portique qui enjambait une allée bordée de pins. Même Mathieu a baissé sa vitre pour lire la pancarte accrochée tout en haut. Les lettres peintes en bleu comme l'océan, en bleu comme le ciel, nous promettaient un mois de juillet qu'on n'oublie pas…

Bienvenue
au camping
des Flots Bleus !

Sa plage,
ses équipements modernes,
son complexe aquatique…

2

L'emplacement 147

Très gentiment, le monsieur de l'accueil du camping nous a expliqué deux fois le chemin à suivre pour rejoindre notre emplacement. On a quand même eu du mal à le trouver.

— Ce n'est pas compliqué. Vous suivez l'allée principale jusqu'à l'allée des Pins, vous tournez ensuite dans l'allée de l'Océan et là, tout au bout c'est le numéro 147 !

— Ce n'est pas compliqué quand on vit là toute l'année… a dit mon père en passant devant l'épicerie du camping (pour la deuxième fois).

L'allée des Pins ressemblait énormément à l'allée de l'Océan qui ressemblait beaucoup à toutes les autres allées. Un pin, une caravane, un pin, une tente, un pin et ça recommençait. Chaque emplacement avait un écriteau avec son numéro, mais ce n'était jamais le bon. Enfin, par hasard, on a fini par tomber dessus. C'était vraiment au bout du bout.

— J'espère qu'il y a une navette pour aller aux toilettes… a grogné Mathieu en descendant de voiture.

Il s'est étiré et il a regardé autour de lui.

— Va falloir s'organiser, les filles, faire un système de tours de rôle : le premier point d'eau est à trois jours de marche !

— Mais, c'est super, a dit maman. Non seulement les emplacements sont vastes mais nous n'avons pas encore de voisins !

Papa a appelé mon frère pour vider la remorque, nous, on s'est occupées du coffre.

— Le plus urgent, c'est très probablement de monter la tente, a dit mon père devant la montagne de sacs.

D'un air désemparé, il fixait trois volumineuses housses orange mais il a refusé notre aide, et même celle de Sabine qui était la seule à avoir déjà campé.

— Non, non, c'est gentil, mais j'aime autant me débrouiller tout seul. Enfilez vite un maillot et allez donc voir la mer !

— Tu me prêtes ton GPS ? lui a encore demandé Mathieu. Parce que je ne suis pas sûr de vous retrouver, moi ! T'as au moins une balise Argos ? Ou peut-être une carte un peu détaillée ?

— Ça suffit ! Toi, si tu te perds, je ne suis pas certain d'avoir envie de déclencher les secours ! Va te promener ! lui a ordonné mon père. Compte les grains de sable, vérifie qu'il y a toujours de l'eau dans la mer, fais ce que tu veux mais... circule !

Mathieu a pris ses affaires dans son sac à dos et il s'est éloigné dans l'allée de l'Océan en imitant la voix nasillarde du GPS : *« Tou-tournez à gauuuuuche... Tou-toujours tout droiiiit... »*

Au croisement, il nous a crié : *« Adieuuuu ! »* et il a disparu.

— Pff, qu'est-ce qu'il est fatigant, a soupiré ma mère. À chaque fois, c'est pareil, il ne supporte pas ce qui est nouveau.

Elle a refusé de nous accompagner à la plage, elle voulait faire quelques courses. Pour être polies, on a proposé une dernière fois notre aide, en espérant bien un refus, et on a enfilé nos maillots en nous contorsionnant à l'arrière de la voiture.

— Oh là là…, a fait Sabine en nous regardant l'une après l'autre. Y'a du boulot !

Moi, je n'ai rien dit mais je pensais exactement la même chose. Question maillots, rien à dire, et encore heureux avec les heures qu'on avait passées à les choisir. C'était plutôt ce qu'il y avait autour des maillots qui n'était pas joli à voir. Blanches, laiteuses comme des huîtres, cadavériques, ce ne sont pas les adjectifs qui me manquaient ! Pour des filles qui conseillent, à longueur d'année, les autres sur leur look, on était une contre-publicité vivante, de quoi perdre tous nos clients d'un seul coup !

— Oh là là, a répété Sabine.

— Oui ! Mais pour une fois, on a que ça à faire... nous occuper de nous ! Dans cinq jours, on sera bronzées, dorées, sublimes !

— Carrément sublimes... Heureusement que je n'ai pas oublié l'arme secrète ! a rigolé Sabine en brandissant une petite trousse en plastique violet. Allez ! Direction : la plage, et objectif : bronzette !

On est parties, le nez en l'air, prêtes à capter le moindre rayon de soleil, trop contentes de nous laisser guider par le bruit des vagues.

C'était une belle, une très belle plage. Longue avec du sable fin, l'océan à perte de vue, très bleu, avec le ciel assez bleu aussi et, çà et là, des vacanciers en petits groupes autour d'un parasol bariolé... une plage, quoi.

Nous avons marché dans les dunes pour nous trouver un coin tranquille.

— Là ! a crié Sabine.

Du bout de ma sandale, j'ai vérifié qu'il n'y avait pas de chardons hypocritement enfouis sous le sable et j'ai lâché ma serviette. Sabine s'est écroulée sur les genoux. Elle a fixé la mer en laissant couler des poignées de sable entre ses doigts, l'air enchanté.

— Génial, a-t-elle dit doucement. Des semaines que j'attends ça…

Son regard parcourait la plage, elle souriait toujours.

— Dis, Juliette, tu as repéré ton frère ?

— Non...

— Tu veux qu'on le cherche ?

— Ah, non ! On a autre chose à faire. Pense à ta peau blanche et laiteuse...

— Tu as raison ! s'est écriée Sabine en s'emparant de l'arme secrète.

Elle a sorti de sa trousse un flacon de verre, rempli d'une lotion de sa composition. 20 grammes de cire d'abeille fondue au bain-marie dans 10 centilitres d'huile d'avocat, plus 5 gouttes d'huile de carotte moins 2 grammes de benjoin qu'elle n'avait pas trouvé…

Malgré l'aspect peu appétissant du mélange, Sabine m'avait promis un résultat impressionnant. Elle m'avait promis aussi qu'on ne prendrait pas de coups de soleil et je l'avais crue.

Assez vite, je me suis retrouvée délicieusement installée : sur le ventre, les cheveux rabattus sur les yeux pour filtrer la lumière, tartinée de lotion magique, ma meilleure amie à côté de moi pour papoter et les orteils plantés dans le sable pour les garder au frais. J'ai relevé un moment la tête. Des enfants couraient comme des électrons libres d'un parasol à l'autre, ça m'a rappelé un cours de physique et j'ai vite chassé cette idée désagréable en replongeant aussi sec le nez dans ma serviette. Peu à peu, j'ai commencé à somnoler. La dernière chose que j'ai entendue, c'est Sabine qui plaisantait :

— Finalement, *Sabine et Juliette, Conseils* ne prendront pas de vacances. Nous allons chouchouter, dorloter, nous occuper de nos deux clientes préférées… Nous-mêmes !

3

Bronzette !

— Alors, les sardines, ça grille ?

C'était drôle, c'était très fin comme humour. Je n'étais pas vraiment surprise, je savais bien que mon frère n'arriverait pas à se passer de nous très longtemps...

— Vous voulez que je monte le thermostat ? Vous voulez que je vous retourne ? Vous n'auriez pas meilleur goût si on ajoutait des herbes ? Un peu de sel, peut-être ?

— Mathieu...

— Je rigole ! Allez ! Venez, on se bouge !

— Tu pourrais nous laisser profiter du soleil en paix, rien qu'un quart d'heure...

Sabine a ouvert un œil pour regarder Mathieu.

— Pourquoi tu ne t'installes pas avec nous ? Tu t'allonges, on discute et on bronze… sans enquiquiner personne…

— Non, ça, je ne peux pas dans un endroit pareil. Me dites pas que vous allez rester allongées quatre semaines sur le sable, échouées comme deux méduses !

— Oh, si… ai-je répondu sans bouger d'un millimètre.

— Mais immobiles comme ça, vous allez vous transformer en bouchots ! Vous serez bientôt recouvertes de moules ! Alleeez… Ce n'est pas vous, ça ! Je ne vous reconnais pas ! Il y a un boulot fou pour *Sabine et Juliette, Conseils,* dans ce camping ! Alleeez, soyez cool... J'ai repéré au moins cinq clients possibles ! Les fiiiilles ! Alleeez, pour une fois qu'on a le temps !

En mars ou en avril, je ne me souviens plus bien, on s'était occupés d'un client qui avait le même genre de problème que moi, ce jour-là. Ce client avait une petite sœur qui ne le quittait pas d'une semelle, une colle-crampon de première ! Il était venu nous consulter au bord de la crise de nerfs.

— C'est horrible, nous avait expliqué Medhi Jaoui, un quatrième C. J'ai l'impression d'avoir deux ombres ! Quand je me réveille le matin, paf ! La première chose que je vois, c'est elle en train d'attendre que je me lève. Je me frotte les yeux, je me pince mais elle est toujours là ! Et elle me suit pas à pas toute la journée. Si je regarde la télé, elle tient la télécommande ; si j'ai faim, elle m'ouvre le réfrigérateur ; si je lis une bande dessinée, elle veut me tourner les pages. Les jours de collège, c'est encore supportable, mais bonjour, le week-end…

La description de Medhi nous avait semblé un tout petit peu exagérée mais, par principe, nous ne mettons jamais en doute la parole d'un client.

Nous lui avions conseillé (pour la somme raisonnable de cinq euros) une méthode fatigante mais efficace : « Pour réussir à décrocher ta sœur, le mieux, c'est que tu accélères le mouvement ! Dès qu'elle approche, pars en courant ! Elle est plus petite, elle ne devrait pas pouvoir suivre. »

Medhi était devenu extrêmement actif. Il enchaînait jogging et vélo et, même dans la soirée, il promenait encore au pas de course (gratuitement) les chiens de ses voisins. La petite sœur avait assez vite compris le message et Medhi nous avait avoué être parfois content de la rejoindre pour une pause-télé tranquille sur le canapé.

Nous aurions pu faire comme Medhi Jaoui et foncer à l'autre bout de la plage... mais le sport à haute dose ne faisait pas partie de notre programme. Pas du tout.

Pendant l'année, mon frère nous aidait beaucoup. Il s'occupait presque entièrement seul de la comptabilité et du site Internet de *Sabine et Juliette, Conseils*, mais, là, il n'avait pas l'air de vouloir comprendre.

— Mathieu, lui ai-je rappelé avec un sourire encore aimable, nous sommes en vacances, V.A.C.A.N.C.E.S ! Congés annuels, repos, farniente, plage, soleil… tu vois ce que je veux dire ?

Il insistait, alors Sabine a fini par faire une grosse bêtise.

— Bon, bon… a-t-elle cédé. Si, toi, tu veux trouver des clients et t'en occuper, on ne dira rien contre ! Ça te va comme ça ?

— Ça me va ! s'est écrié Mathieu. Mais vous m'aiderez ?

— On verra, on verra…

— D'accord ! J'y vais !

Il a démarré comme un missile, en m'envoyant du sable, bien sûr.

— Sabine, j'ai un mauvais pressentiment… Tu n'aurais pas dû accepter si vite…

— Il ne nous aurait pas lâchées sinon, et puis… il me faisait de l'ombre. Allez, profitons-en…

On a passé un moment formidable. Mathieu n'est revenu qu'une seule fois, quelques secondes pour nous demander :

— Comme vous êtes en vacances, ce que me verseront les clients, c'est entièrement pour moi, non ?

On a dit oui tout de suite et on est allées se baigner.

4

Confort et élégance...

Je me souviens très bien du jour où nous avions acheté la tente dans un magasin de matériel de camping. Devant chaque rayon, il y avait une grande photo du modèle proposé. Je me souviens même de ce qui était écrit sous la photo de la nôtre :

<u>modèle St Tropez,</u>
<u>confort et élégance.</u>

Cela ne ressemblait pas du tout à celle que mon père achevait de monter, mais je n'ai pas eu le temps d'ouvrir la bouche pour m'en étonner.

— Pas d'ironie, hein ! nous a presque crié mon père. La première qui ricane aura affaire à moi !

À nous, qui étions gentiment remontées si tôt de la plage pour voir s'il avait besoin d'aide ! Comme si c'était notre genre de se moquer !

Bon, question confort, on ne pouvait pas savoir avant d'essayer mais pour l'élégance, c'était déjà raté.

— Mais où est l'ouverture principale ? Ce n'est pas normal de ramper pour entrer... Vous êtes sûr qu'elle n'est pas à l'envers ?

— Sabine, j'ai dit : « Pas d'ironie », merci !

— Je plaisante, monsieur, vous avez déjà bien avancé ! Vous avez seulement dû oublier deux ou trois piquets…

Là, j'ai cru qu'il allait s'énerver, mais ça l'a plutôt anéanti.

— Pff, a-t-il soupiré, si tu savais… Regarde-moi tous ces piquets qui me restent… et l'auvent ? Comment voulez-vous que je devine où je dois l'accrocher ! Je ne suis pas médium, moi !

Très gentiment, ma copine a pris les choses en main.

— Il y a certainement une notice de montage ?

— Ah, ça oui ! En cinq langues ! Et il y a encore deux plans sur le capot de la voiture ! Ah, ils ne sont pas radins en explications, ces gens-là, mais ils pourraient prévenir qu'il faut faire un stage de trois semaines pour avoir une chance de dormir dans leur bazar !

Heureusement, nous avons entendu un « Youhou ! » très gai derrière nous. Ma mère revenait au bon moment. Elle avait dévalisé l'épicerie du camping et nous rejoignait en trottinant. Elle a regardé mon père, elle a regardé la tente et elle a éclaté de rire.

— Mon chéri, quelque chose me dit que tu as besoin de te détendre ! Si on allait se baigner ? Il fait encore chaud ! L'eau est bonne, Juliette ?

— Géniale !

— Alors, on y va ! Je mets les produits frais dans la glacière et c'est parti !

Maman a marqué un temps d'arrêt.

— Euh… Où est… la glacière ?

— Dans la tente, a grogné mon père. Mais… on ne peut plus entrer, c'est coincé.

— On s'en occupe ! s'est exclamée Sabine en se précipitant pour prendre les sacs de courses.

On n'était pas fâchées de les voir s'éloigner dans l'allée de l'Océan. Sans les quitter des yeux, immobile et sans desserrer les dents, Sabine m'a chuchoté, exactement comme si elle craignait qu'ils ne l'entendent :

— Juliette, rassure-moi là… Ta mère sait qu'il faut mettre de la glace… dans une glacière ?

Je n'ai pas répondu, je n'en savais rien non plus.

— Bon, a dit ma copine en frappant dans ses mains. À nous deux, la tente ! Je crois que le plus simple, c'est de tout redémonter…

En revenant de la plage, presque une heure plus tard, mes parents n'en croyaient pas leurs yeux. À la place du triste spectacle qu'ils avaient laissé, ils découvraient à l'emplacement 147 une grande tente orange entourée de deux igloos, orange aussi (celui de Mathieu et le nôtre), un auvent impeccable et une table pliante-dépliée avec tout ce qu'il faut dessus pour un repas froid au clair de lune…

Comme des parents normaux dans un cas pareil, les miens ont crié : « Oooooh, les filles… vous êtes formidables ! » et « Qu'est-ce que c'est gentil ! » et encore « Ah, vraiment, on peut compter sur vous ! »

On l'avait bien mérité mais c'est toujours agréable à entendre. Mathieu est arrivé presque immédiatement, moins admiratif.

— Tiens, te voilà ! a dit ma mère. Tu as vu ? Sabine et Juliette ont tout installé !

— Hon ! Hon ! a fait mon frère sans lever le nez d'un carnet sur lequel il griffonnait à toute vitesse.

Il m'a attirée brusquement à l'écart.

— Quand est-ce qu'on peut se parler ? Parce que là, j'ai déjà deux ou trois questions à vous poser ! J'ai une cliente !

— Tu ne vas pas recommencer, on verra ça après le dîner. J'ai faim, moi !

Le premier à table, Mathieu a avalé à toute vitesse sa tranche de jambon et sa salade de tomates. On avait à peine touché nos assiettes qu'il attaquait son yaourt.

— Je peux débarrasser ?

— Si tu permets, je prendrai un peu de fromage... a répondu doucement mon père.

Mes parents nous ont raconté leur baignade. Mathieu bouillait d'impatience, et il a blêmi quand ma mère a demandé qui ferait la vaisselle.

— C'est une blague ! l'a-t-elle rassuré. Je m'en occupe ! J'ai repéré les éviers avec des distributeurs de produit, c'est très rigolo !

Mon père s'est proposé pour l'accompagner. Quand je pense qu'à la maison, on se dispute pour savoir qui va remplir le lave-vaisselle ! Ils ont tout mis dans une grande bassine et ils sont partis, contents.

Sabine les regardait, étonnée.

— C'est peut-être l'air marin, a-t-elle suggéré. Il paraît que l'iode, ça rend bizarre…

— À ce point-là ?

5

Conseil à dix euros ?

— Grouillez-vous ! a crié Mathieu. On n'a pas toute la nuit, les parents vont revenir !

Et, sans attendre, il a arraché les premières pages de son carnet à spirale pour les poser sur la table.

<u>Client possible</u>

Fille, d'environ douze ou treize ans.
Blonde, cheveux longs.
Repérée toute seule
au camping à 15 H et
sur la plage à 15 H 23.

<u>Signes particuliers :</u>
Maillot de bain orange
et gilet de laine !
Remarque : a l'air frileuse.

Premier contact à 16H 17

Son problème : Elle s'ennuie, elle ne connaît personne.
Remarque : ne parle pas facilement, refaire un essai plus tard.

Contact n° 2 à 17H 12

La cliente possible reconnaît que ce serait une bonne idée si par exemple il y avait quelque chose de prévu dans ce camping pour que les jeunes ne restent pas tout seuls dans leur coin comme des imbéciles.
Quand je lui pose la question : « Et si c'était payant comme service, par exemple 2 ou 3 euros pour te trouver des copains, tu trouverais aussi que ça serait une bonne idée ? », la cliente possible a l'air étonnée mais elle répond : « Ben, oui... »

La cliente possible s'appelle Mathilde Garnier.

Contact n°3 à 17 H 54

Ça y est ! Je lui ai proposé de m'occuper d'elle pour un prix raisonnable qu'on déterminera plus tard.
Rendez-vous à dix heures, demain, devant notre emplacement.

Là, j'ai pensé que Mathieu était rapide, efficace, professionnel. Bref, c'est bien mon frère ! J'étais assez fière de lui et j'ai continué de lire.

Autres clients possibles repérés en vrac :

Deuxième parasol jaune à droite de l'entrée de la plage : un garçon, environ douze ans, se dispute avec son petit frère. Il lui pique sa pelle et son seau et il lui fait bouffer du sable. Une dame intervient (leur mère ?). Le petit est consolé, le grand a pris une claque. Lui proposer un conseil pour problème familial à cinq euros ?

Quatrième parasol rouge à gauche :

une fille sous le parasol, repérée avec un cartable. Aucun doute, ai vérifié, il s'agit bien d'un cartable avec cahiers, trousse et tout le bazar !

Problème scolaire à six euros ou parents sadiques à cinq euros ?

Près du filet de beach volley :

plein de filles ne quittent pas certains garçons des yeux et vice versa.

Remarque : personne ne regarde le ballon. Plein de clients pour des conseils en amour à dix euros ?

— Alors ? Alors, les filles ? Qu'est-ce que vous en pensez ? a demandé Mathieu, les yeux brillants.

— Formidable ! s'est écriée Sabine.

— Tu n'as pas perdu ton temps à nous regarder travailler ! ai-je renchéri.

— Ah, ça me fait plaisir que vous le preniez comme ça. J'avais peur que vous m'accusiez de piquer vos idées ! Je suis content !

— J'ai dû lui expliquer que s'il avait raison de penser que ce camping était un nid à clients, il rencontrerait inévitablement des problèmes pour travailler correctement dans un endroit pareil.

— Il faut être réaliste, Mathieu ! Au collège François Villon, tout le monde nous connaît, on n'a pas besoin de chasser le client. Notre pub est déjà faite, et je ne parle même pas de notre site Internet ! Mais ici… qu'est-ce que tu as pour travailler ? Un stylo bille ? Un bloc de papier ? Comment vas-tu recevoir tes clients ? Comment vas-tu les convaincre ? Tu n'as même pas d'ordinateur pour tenir tes dossiers !

— Oui ! a dit Sabine. Même pas un carnet de rendez-vous…

Mathieu a foncé dans la voiture. Il est revenu vers nous en courant avec une pochette qu'il a récupérée cachée sous un siège. Il l'a ouverte avec beaucoup de précautions..

— J'ai apporté le plus important ! Notre feuille de tarifs et… il y en a au moins trente exemplaires !

Ça faisait drôle de voir étalé, là, sur la table de camping, notre matériel de travail. Sabine souriait.

— Bien sûr… il y a quelques petits trucs à corriger… a dit Mathieu en prenant son stylo.

Et, immédiatement, il s'en est chargé. Une rature par-ci, une phrase ajoutée par-là et il a reculé d'un pas pour admirer le résultat.

— C'est bien, non ? a-t-il demandé d'un air déjà satisfait.

J'ai relu notre feuille de tarifs attentivement.

Sabine et Juliette et Mathieu

CONSEILS

Vous vous sentez nuls ?
moches ? mal aimés ?

Surtout l'été ?

Vous avez raison !
Venez d'urgence nous consulter !

- Conseils en amour : 10 euros
- Problèmes familiaux : 5 euros
- Problèmes scolaires : 6 euros
- Autres problèmes : 5 euros

~~Relooking (coiffeur et vêtements en sus) : 10 euros~~
~~Forfait cinq séances Amour et relooking : 30 euros~~

Conseil en bronzage : 3 euros
Conseil en choix de maillot de bain : 2 euros
Promotion spéciale à 2 euros : Comment se faire vite des copains de vacances !

Devis gratuit ! Discrétion assurée !

Sabine et Juliette

~~Sur rendez-vous uniquement,~~
~~aux heures de récréation.~~
~~Banc de gauche, cour des tilleuls.~~

Emplacement 147, allée de l'Océan

Pour plus d'informations, consultez notre site :
www.sabine.juliette.com !

Mon frère m'a regardée avec son air de cocker, celui qu'il me faisait déjà petit pour avoir le droit de prendre mes jouets. Sabine l'a félicité en l'entourant affectueusement de son bras. Et j'ai compris que si je voulais avoir une chance de passer de vraies vacances, il faudrait faire très attention à ne pas laisser Sabine tout lui céder comme d'habitude !

6

Le cas Mathilde Garnier

À dix heures, le lendemain matin, parfaitement ponctuelle, Mathilde a pointé son nez au-dessus de la haie. Certains pourraient trouver que dix heures, c'est tôt en vacances. Pour nous, ça ne posait aucun problème, cela faisait des heures qu'on avait pris nos douches, rangé nos tentes-igloo, des heures qu'on était réveillés. À vrai dire, je n'étais pas même certaine d'avoir dormi.

— *Le camping des Flots Bleus, sa plage et ses saletés de moustiques !* grognait Mathieu, l'air hagard devant son chocolat froid.

J'avais deux gros boutons sur la joue.

— C’est moche, hein ?   m’a dit Sabine en regardant dans son miroir grossissant ceux qu’elle avait, elle, sur le front et le menton.

— Pas pire que nos coups de soleil ! Non mais, tu l’as prise où, ta recette de lotion magique ?

— Ben... sur un blog...

— Ah oui ? *Comment-brûler-sans-bronzer-blog.com* ?

Mais j’aurais dû parler moins fort, maman nous a entendues et nous avons eu droit à un long, long sermon sur notre capital-soleil.

— Je retourne à la boutique du camping, nous a-t-elle dit, et je vous rapporte une vraie crème… De toute façon, il faut que j’aille chercher de l’anti-moustiques. Ils vendent toutes sortes d’insecticides : des lotions, des bombes, des diffuseurs. Hier, ça m’avait étonnée qu’ils aient autant de choix ; cette nuit, j’ai compris pourquoi. Tu m’accompagnes, mon chéri ? Il nous faut aussi un autre réchaud…

— Un réchaud qui fonctionne, cette fois-ci… lui a répondu mon père en se levant péniblement de sa chaise pliante.

Il a grommelé quelque chose comme : « … coûterait moins cher à l'hôtel, ces vacances… ». C'est en les suivant des yeux que j'ai vu Mathilde.

— Viens, entre ! l'a accueillie Mathieu, revigoré par l'arrivée de sa première cliente. Assieds-toi !

Il a repoussé du bras ce qui traînait sur la table et il lui a indiqué une chaise. Il nous a présentées, il avait un peu tendance à nous faire passer pour ses assistantes mais, heureusement, il est vite entré dans le vif du sujet.

— Pour réussir à te trouver des copains qui te plaisent, lui a-t-il annoncé, et crois-moi, nous avons l'habitude, il faut mieux te connaître !

Après un frisson, Mathilde a refermé son blouson et elle a hoché la tête.

— Nous allons établir une fiche à ton nom et te poser quelques questions…

C'était pénible, Mathilde répondait par oui ou par non quand elle ne se contentait pas de dire « Mmmm… »

— On pourrait aider ton frère, quand même… m'a chuchoté Sabine.

Non sans mal, la cliente a fini par avouer qu'elle aimait les livres, le collège et surtout les cours d'Histoire, qu'elle n'aimait pas les vacances, pas du tout la plage, ni se baigner et encore moins nager où elle n'avait pas pied. Son copain ou sa copine idéale était quelqu'un comme elle, de préférence une fille qui aimait le calme.

— C'est une sacrée rigolote, m'a glissé Sabine à l'oreille. Le pauvre Mathieu… Pour sa première, ça ne va pas être facile ! Il va avoir besoin de nous.

— Ne recommence pas à le plaindre ! C'est lui qui l'a voulu, personne ne l'a obligé.

Mon frère a refermé son carnet et il a dit, absolument pas découragé :

— Très bien, Mathilde, je m'occupe de tout et je te recontacte. En attendant, prends cette feuille, tu liras nos tarifs. Je t'en laisse plusieurs, tu les distribueras à ceux que tu connais…

Là, je lui ai donné un bon coup de coude mais trop tard ! Mathilde le regardait déjà avec des yeux ronds.

— Ben… À qui tu veux que je les donne puisque je connais personne ?

— Ah, oui... c'est vrai !

Mathieu a ri bêtement pour se rattraper et il a repris les feuilles en trop. Mathilde a mis un petit moment à comprendre que l'entretien était terminé. Puis, elle s'est levée brusquement avec un sourire gêné.

— Bon, ben, j'y vais…

— Ben, oui, a répondu Mathieu, on te tient au courant…

— Bon, ben, alors… à plus tard…

— C'est ça… À très bientôt !

Quand Mathilde a disparu dans l'allée de l'Océan, Mathieu l'a tout de suite admis : trouver des amis à une fille si gaie et si dynamique n'était pas gagné d'avance.

— On y va ! s'est-il exclamé.

— Où ça ?

— Juliette… Ne fais pas l'idiote ! En repérage, bien sûr ! Comme ça ne va pas être facile de lui trouver une copine, autant s'y mettre sans perdre de temps.

— Désolée, mon cher, nous, sans perdre de temps… on fonce à la plage !

Là, Mathieu, la main sur le cœur nous a fait un numéro incroyable : il était si déçu de notre attitude… Lui qui nous aidait tellement tout au long de toute l'année… Lui qu'on abandonnait pour une fois qu'il nous demandait un tout petit truc de rien du tout…

— Aaaah ! Je suis si déçu ! Si déçu ! déclamait mon frère.

Soudain, il m'a fixée dans les yeux.

— Faudra pas vous étonner si à la rentrée, je laisse tomber *Sabine et Juliette, Conseils…* Ah, il va être chouette sans moi, votre site internet ! Aaaah, elle va être chouette sans moi, votre comptabilité !

Bref, j'ai cédé pour la matinée.

— Mais, à midi pile, mission terminée ou pas, je te préviens que tu te débrouilles tout seul !

On a réglé nos montres sur 10 h 37 et on

s'est séparés pour être plus efficaces. Mathieu s'occupait de la plage, Sabine allait rôder du côté du « complexe aquatique » et moi, je faisais, une à une, les allées du camping.

— Rendez-vous à l'entrée de la plage à 11 h 45 pour faire le point.

— Vu que c'est moi qui vais sur la plage et que je serais le plus loin, a encore dit Mathieu, vous pourriez peut-être me passer un de vos portables ? Juliette prend l'autre, si j'ai un message urgent, j'appelle Juliette qui fonce au complexe aquatique prévenir Sabine. C'est plus pratique, non ?

Sabine a menti qu'elle n'avait plus de batterie, moi, je n'ai même pas répondu.

L'objectif était simple mais difficile : repérer un individu isolé et lui présenter notre cliente. Mathieu, pour avoir l'air organisé, nous avait donné à chacune un petit bout de papier avec la description rapide de la copine de vacances idéale à chercher pour Mathilde Garnier.

J'ai marché, marché, marché ! J'ai observé chaque emplacement, regardé derrière chaque tente, derrière chaque caravane. Je n'ai rien trouvé. Pas une seule fille assise seule et triste dans son coin, pas une seule fille en blouson par vingt-cinq degrés à laquelle dire : « Allez, viens, j'ai quelque chose à te proposer qui pourrait t'intéresser… » Rien. Tous les jeunes que j'ai rencontrés étaient en t-shirt, en bande, et rigolaient joyeusement. C'était désespérant.

J'ai croisé mes parents qui portaient quelques sacs de courses et un gros réchaud. Je leur ai fait un petit signe et j'ai poursuivi mon chemin. Je traînais les pieds, je n'y croyais plus, quand, au croisement suivant, je l'ai vu !

C'était un garçon. Il tirait un chariot à deux roues chargé d'une énorme planche à voile, d'un sac à dos et d'un cerf-volant.

Je lui ai dit : « Salut ! »

Je sais que c'est un peu minable comme début de conversation mais ce n'est pas facile d'aborder quelqu'un qu'on ne connaît pas. Autant le dire franchement, si ce n'était pas pour *Sabine et Juliette* (et Mathieu), *Conseils*, si ce n'était pas pour en finir avant midi, jamais je n'aurais osé !

Le garçon a ralenti le pas et il m'a répondu gentiment :

— Salut, je m'appelle Guillaume. Tu vas à la plage ? Je suis arrivé ce matin avec mes parents, ça a l'air sympa ici. Tu fais de la planche, toi ? Moi, j'adore ! J'ai tout ce qu'il faut dans mon sac, je pique-nique sur place et quand le vent monte, je sors mon cerf-volant, c'est cool…

Je l'ai suivi jusqu'au bord de l'eau, en essayant de placer un mot de temps à autre. D'accord, Guillaume était un garçon d'au moins quatorze ans ; d'accord, il adorait bouger et surtout se baigner ; d'accord, il parlait sans arrêt (même moi, je trouvais ça fatigant)... mais une seule chose comptait à ce moment-là... il était seul, absolument seul !

7

Mais ce n'est pas une fille !

De peur qu'elle hésite à nous suivre, on avait décidé de ne pas donner trop de détails à Mathilde sur la copine idéale qu'on venait de lui trouver.

— Déjà ! a-t-elle dit en nous voyant arriver sur son emplacement.

Ses parents et elle avaient une immense caravane, ça m'intriguait.

— Euh… tu veux visiter ? Mes parents sont à la plage…

— Pas le temps ! l'a pressée Mathieu. On a trouvé « la personne » qu'il te faut !

— Ah ! Elle est sympa ?

— Bien sûr Tu verras toi-même !

À chaque question qu'elle a posée sur le chemin de la plage, Mathieu lui a répondu :

— Tu verras… Tu verras.

On s'enfonçait déjà dans le sable humide quand il lui a indiqué Guillaume :

— Regarde… là-bas ! Celui qui vient de tomber de la planche à voile !

— Mais… mais… ce n'est pas une fille ! s'est exclamée Mathilde.

— Aucune importance, a dit joyeusement Mathieu. Tu sais, Mathilde, faut que tu y mettes un peu du tien ! On ne va pas vous marier pour la vie, on va seulement te le présenter…

Elle n'était pas enthousiaste, ça se voyait bien.

Nous, on avait pourtant conclu rapidement que le Guillaume en planche à voile était assurément le copain de vacances le moins pire à lui présenter de ceux qu'on avait repérés.

Sabine avait trouvé une seule petite fille qui s'ennuyait près de la piscine.

— Mignonne mais sept ans, c'est un peu juste, non ?

— Beaucoup trop juste ! avait répondu Mathieu. Mathilde nous engage pour lui trouver une copine, pas des heures de baby-sitting ! Bon, ben pour moi aussi, la chasse est maigre. J'ai repéré une fille exactement comme il nous fallait, toute seule à l'autre bout de la plage. Seulement quand je lui ai expliqué pour nous, pour *Sabine, Juliette et Mathieu, Conseils*, elle m'a dit de m'occuper de mes affaires.

Toujours dans l'eau, Guillaume m'a reconnue.

— Ouh ! Ouh ! a-t-il crié.

On s'est approchés mais Mathilde a pilé dès que les vaguelettes ont commencé à lui chatouiller les orteils.

— Hé ! Ça mouille ! a-t-elle dit d'une voix geignarde.

Elle commençait à m'énerver.

On est entrés dans l'eau jusqu'à la taille et j'ai présenté tout le monde à Guillaume :

— Sabine, mon frère Mathieu et... Mathilde !

J'ai ajouté à l'oreille de Guillaume :

— Je t'amène Mathilde car elle rêve d'essayer la planche à voile. Surtout ne fais pas attention si elle a l'air de rechigner ! En fait, elle est terriblement timide et elle a peur de t'embêter.

Guillaume a été parfait, il a pris les choses en main et a vite proposé à Mathilde de monter sur sa planche.

— Ah non, non, non ! Merci !

— Monte, je te dis ! lui a ordonné Guillaume d'un ton amical mais ferme.

Il m'a fait un clin d'œil complice, comme s'il me disait : « Message compris, je m'occupe de tout ! » Je serais bien restée dans l'eau, moi. C'était drôle à voir, les débuts de notre cliente. Elle s'accrochait à la planche comme un naufragé au mât de son bateau après la catastrophe.

Guillaume s'amusait beaucoup.

— C'est bien de tenir la planche, rigolait-il, mais l'idée, c'est de monter dessus !

Soudain, il a crié : « Làààà ! Une pieuvre ! » et hop ! notre cliente s'est hissée d'un coup. Oui, je serais bien restée mais Mathieu nous attendait déjà sur le sable sec.

— Les filles, il faut que je vous parle ! s'impatientait-il.

J'ai salué Guillaume qui a eu l'air surpris qu'on reparte déjà mais il n'a rien dit, trop occupé à maintenir Mathilde en équilibre. L'eau était délicieuse, la température parfaite.

— Les filles, vous venez, oui ?

8

Monsieur Léopold

Mathieu ne nous a pas laissé une minute de répit.

— J'espère que tu as quelque chose d'intéressant à nous dire, mon vieux, car l'eau était vraiment bonne !

— Oui, j'ai réfléchi à quelque chose.

— Bien… Bravo ! a ironisé Sabine.

— Pourquoi quelqu'un comme Guillaume, sympa, sportif et tout, n'a pas encore de copains dans ce camping ?

— Ben, je te l'ai déjà raconté ! ai-je dit. Il n'a pas eu le temps, il est arrivé aux Flots Bleus ce matin.

— Exact ! a crié mon frère qui en sautillait d'excitation. C'est comme ça que je vais dégoter mes nouveaux clients... en surveillant les arrivées ! Allez, venez, on fonce à l'accueil !

Le bureau du directeur du camping, monsieur Léopold, ressemblait à n'importe quel bureau : une table, des chaises, un fauteuil, des papiers partout. Sur l'un des murs, il y avait un plan géant du camping où étaient représentés les allées, les emplacements numérotés, les douches, le complexe aquatique et même les poubelles. Le plan était recouvert de pastilles rondes, des vertes, des bleues, des rouges, ça avait l'air très compliqué. En insistant, monsieur Léopold, après avoir protesté qu'il avait beaucoup de choses à faire, a accepté de nous expliquer comment il travaillait.

— Les rouges, c'est pour les emplacements occupés, les bleues pour les emplacements vides mais réservés, les vertes pour ceux qui arrivent dans la journée...

— Dans la journée ! s'est exclamé Mathieu en sortant immédiatement de quoi noter. Aaah... Et qui arrive aujourd'hui ?

Surpris, monsieur Léopold a tout de même vérifié sur le plan.

— Là, par exemple... emplacements 14, 23 et... l'emplacement 148 !

— 148 ! Mais ce sont nos voisins !

Mathieu s'en frottait déjà les mains.

— Vous savez si ces gens ont des enfants ? Et de quel âge ? a-t-il demandé, prêt à tout noter dans son carnet.

— Doucement ! Doucement ! Oh ! Tu me fais penser à mon fils ! Une vraie pile électrique, mon Luc ! Toujours en mouvement !

Là, monsieur Léopold a regardé sa montre.

— D'ailleurs, je dois le rejoindre à la piscine... Bon, je ne veux pas vous mettre dehors mais vos parents doivent vous attendre pour déjeuner, non ?

Il ne voulait pas nous mettre dehors, mais en souriant et en poussant Mathieu par les épaules, il nous a quand même aidés à sortir.

À l'emplacement 147, l'ambiance était bizarre. Ma mère ne chantonnait pas comme la veille, elle achevait de mettre le couvert ; mon père s'activait sous l'auvent. J'ai cru que quelque chose n'allait pas, qu'ils s'étaient disputés, et j'ai repensé aux moustiques. Mes parents manquaient probablement de sommeil, c'est tout.

— Ça va ? leur a demandé Mathieu.

— Oui, oui…

— Ça n'a pas l'air ?

— Mais si ! Je serais bien allée me baigner mais je n'ai pas eu le temps... moi ! a dit ma mère.

— On mange ! a crié mon père.

Sabine l'a félicité pour ses spaghettis mais Mathieu a refusé de se servir disant qu'il préférait se contenter d'une tomate.

— J'ai déjà trop chaud, je préfère manger froid…

— À 65 euros le réchaud, tu avales tes pâtes chaudes et tu te tais ! s'est énervé mon père.

Mathieu a piqué du nez dans son assiette. Ça ne ressemblait pas à mon père de s'énerver pour un rien, ça ne devait pas être que de la faute des moustiques.

Sabine et moi avons essayé de détendre l'atmosphère et j'ai visé juste, à la fin du repas, en proposant de nous charger de la vaisselle. Mathieu m'a fusillée du regard mais maman a enfin souri.

Je n'ai pas trouvé particulièrement « rigolos » les éviers et les distributeurs de produits vaisselle. Il y avait une queue interminable, d'au moins vingt personnes.

Mathieu a sorti de sa poche une de nos feuilles de tarifs. Il l'a vaguement défroissée et il l'a accrochée avec la punaise d'une affichette qui rappelait aux campeurs de laisser cet endroit aussi propre qu'ils l'avaient trouvé, merci.

— Celle-là au moins, ils auront le temps de la lire ! Vous avez remarqué qu'il y a beaucoup plus de jeunes que d'adultes qui font la vaisselle ? Comme par hasard.

On a commencé à discuter avec une dame et ses enfants. Ils nous ont raconté qu'ils venaient au camping des Flots Bleus depuis des années. Les gens semblaient tous se connaître, c'était sympathique, il n'y avait que mon frère qui ronchonnait toujours.

— Avec tout ce qu'on a à faire ! Quel temps perdu ! Quelle idée de se proposer pour la vaisselle ! En plus ça amusait maman, elle l'a dit !

— T'as jamais campé avec des adultes qui n'ont pas l'habitude, toi ! a répondu Sabine. Au début, ça les distrait comme s'ils jouaient à la dînette. Ils rigolent avec leur lampe de poche, avec leurs gadgets, mais un jour ils craquent. Ils réalisent qu'ils ont toujours trop froid ou trop chaud, qu'ils sont mal assis et qu'en plus ils n'ont pas la télé !

Mathieu est resté pensif en remplissant le lavabo.

— Et alors ? Qu'est-ce qu'ils font ?

— Ils rentrent chez eux !

Mathieu a frémi.

— C'est très juste, petite ! a renchéri une dame qui rinçait des verres en plastique. L'année dernière, j'ai vu des Parisiens qui ne sont restés que deux jours !

Pour éviter ça, on a pris la décision de faire désormais toutes les vaisselles. Mathieu y a mis une seule condition : qu'on mange dans des assiettes en carton. Je lui ai fait remarquer que ça énerverait sûrement notre père d'être obligé de retourner à la boutique du camping.

— J'ai compris, va… a soupiré Mathieu, j'offre les assiettes !

Et il a sorti de sa poche une belle pièce de deux euros toute brillante.

— Encore heureux que Mathilde ait tenu à payer d'avance…

9

À bon entendeur, salut !

Après la vaisselle, Sabine et moi sommes retournées à la plage. Mathieu a refusé de nous accompagner.

— Si tout le monde va bronzer, qui va guetter l'arrivée des nouveaux voisins ? Et si des nouveaux clients me cherchent, hein ? À moins que... On pourrait accrocher à la tente vos numéros de portable. Avec un texte genre : *Chers nouveaux voisins, bonjour ! Appelez-nous au...*

— Ça ne va pas la tête ! Même au collège, on ne donne pas nos numéros aux clients, rien que notre adresse mail.

Il a soupiré et il s'est assis à la table pliante devant son carnet à spirale.

— Alors, tant pis, je reste. Je vais préparer des nouvelles fiches-clients, histoire de m'avancer…

Sabine a levé les yeux au ciel et nous sommes parties à la plage. On a fait un petit coucou de loin à mes parents qui se baignaient et on a rejoint notre endroit à nous dans les dunes. On lézardait depuis une petite heure quand soudain ma copine s'est assise sur sa serviette.

— Qu'est-ce que tu as ? ai-je demandé.

— Je ne sais pas… a dit Sabine en regardant autour d'elle. C'est bizarre, j'ai l'impression qu'on nous observe.

— Mais non ! On n'a plus l'habitude d'être tranquilles si longtemps, c'est tout.

Sabine s'est rallongée mais là, j'ai entendu : « Aïe ! »

Un garçon à quatre pattes dans la dune s'est relevé brusquement.

— Aïe ! Saletés de chardons !

— Tu nous espionnes ? a dit Sabine. Qu'est-ce que tu fais là ?

— Rien, non, rien… a-t-il bredouillé. Je ne voulais pas vous déranger ! C'est… c'est Mathieu, le Mathieu de l'emplacement 147 qui m'envoie !

Je n'en croyais pas mes oreilles. Si j'avais eu mon frère sous la main, il s'en serait souvenu ! Le garçon nous a tendu immédiatement une feuille du carnet de mon frère, comme s'il s'agissait d'une preuve.

— Je vais l'étrangler !

— Prem's ! a crié Sabine.

Le garçon a reculé d'un pas.

— Je ne comprends pas, a-t-il dit avec un sourire inquiet. Il y a un problème ? C'est ce Mathieu qui m'a dit de venir, je vous le jure…

— Oh, on te croit ! a soupiré Sabine.

Un peu rassuré, le garçon a commencé de s'expliquer :

— Ben voilà… Je faisais la queue pour la vaisselle quand j'ai vu votre affiche…

— On sait ! On sait ! l'a pressé Sabine.

— Alors je me suis dit que vous pourriez peut-être m'aider. Voilà, j'ai un problème avec ma mère. Cette année, en sixième, ça ne s'est pas très bien passé.

— En quelle matière ?

— Ben… en français… en maths aussi… en anglais… en sciences et vie de la terre… et en…

— Et tu redoubles ? l'ai-je interrompu avant qu'il nous fasse la liste complète des matières au programme.

— Non ! Mais quand on m'a dit que je passais en cinquième, j'ai cru que c'était une blague !

Et il s'est laissé tomber à genoux dans le sable comme s'il était encore sous le choc.

— Tu as demandé un conseil pour problème scolaire à Mathieu pour être meilleur à la rentrée ? C'est bien ! l'a encouragé Sabine qui ne rigole pas avec l'école.

— Pas du tout. Je cherche comment me débarrasser le plus vite possible des devoirs de vacances que ma mère m'oblige à faire. Tous les matins, c'est cinq pages ou pas de plage. Elle est sans pitié ! Elle m'a acheté un cahier énorme, monstrueux, on dirait une encyclopédie !

Je le trouvais sympathique, très sympathique même, ce Baptiste Marin. Mais l'aider là, tout de suite, c'était céder à Mathieu une fois de plus... et signer l'arrêt de mort de nos vacances.

— Mouais, je te comprends. Le hic, c'est que nous, on est très occupées, tu vois...

Baptiste m'a regardée m'enduire consciencieusement les jambes de notre nouvelle crème (Triple protection UVA-UVB-IR).

— Mais qu'est-ce que je vais faire, alors ? Mes vacances sont fichues !

— Tu vas donner ce message à mon frère de notre part. Ne t'inquiète pas, ça m'étonnerait qu'il ne te fixe pas un autre rendez-vous pour arranger tes affaires. Sabine, tu as un crayon ?

Elle s'est un peu fait prier pour me prêter son crayon pour les yeux, le violet à paillettes. J'ai écrit notre réponse au dos du message de Mathieu que j'ai replié en seize. Baptiste est reparti aussitôt.

En faisant la moue, Sabine a vérifié la mine de son crayon. Il n'en restait pas grand-chose.

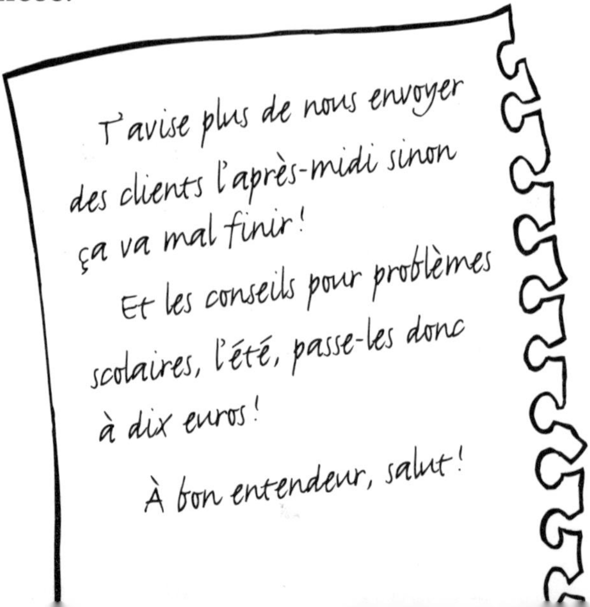
T'avise plus de nous envoyer des clients l'après-midi sinon ça va mal finir !

Et les conseils pour problèmes scolaires, l'été, passe-les donc à dix euros !

À bon entendeur, salut !

10

Avec un supplément d'olives...

À notre retour, il y avait un monde fou à l'emplacement 147. Un verre à la main, un livre dans l'autre, papa regardait les chaises comme s'il avait espéré s'asseoir. C'était impossible vu que le moindre pliant était occupé par mon frère et sa clientèle.

Autour de la table, devant du coca et des chips, Mathieu, Baptiste, des jumeaux et une fille que je n'avais jamais vus, écoutaient en riant aux éclats Mathilde Garnier et Guillaume raconter bruyamment leurs exploits en planche à voile.

— Je vous assuuure, disait Guillaume. Je ne sais pas comment elle a fait… mais la planche de Mathilde s'est retrouvée accrochée au zodiac des sauveteurs !

— Jamais été aussi rapide ! a rigolé Mathilde.

— Qu'est-ce que c'est que ce cirque ? ai-je chuchoté à Sabine. Regarde la tête de mon père…

Comme elle ne répondait pas, j'allais répéter quand j'ai remarqué qu'elle fixait quelqu'un en retrait, près de l'auvent.

Ça m'a fait un choc. Oui, un choc. Ce n'est pas du tout mon genre de garçon, mais je reconnais que ça m'a fait un choc.

— Salut ! a dit Sabine.

Il s'est levé et il est venu vers nous.

— Bonjour, je m'appelle Luc.

— Moi, Sabine. Et voici Juliette…

— Ju… Ju… Juliette ! ai-je bégayé comme une vraie débile.

À partir de là, je suis restée bras ballants à attendre qu'il me parle en lui souriant bêtement.

— Juliette ? Alors tu es la sœur de Mathieu. Il m'a parlé de toi tout l'après-midi. J'ai repéré son affiche *Sabine, Juliette et Mathieu, Conseils* et ça m'a intrigué. Alors, quand mon père m'a parlé de la visite dans son bureau de « trois énergumènes », je ne sais pas pourquoi, j'étais sûr qu'il s'agissait des mêmes ! Je suis venu vous faire une visite, par curiosité. Mathieu m'a raconté comment vous aviez créé votre entreprise, il m'a même dit que vous aviez un site internet à vous, c'est dingue, cette histoire !

Et là, moi, j'ai répété « dingue, dingue » comme la pire des cloches.

Luc était le fils du directeur du camping. J'ai trouvé incroyable que monsieur Léopold n'ait pas eu envie de nous le présenter tout de suite. Personne ne peut avoir envie de cacher quelqu'un comme Luc. Luc s'est encore extasié sur notre idée d'entreprise et nous a posé des milliers de questions. C'est Sabine qui répondait. Moi, je faisais *oui, oui* avec la tête. Et des fois, *non, non*.

Luc avait plein d'humour, il nous faisait rire, il était très drôle, vraiment amusant. J'aurais pu l'écouter pendant des heures mais il a fallu que mon père s'énerve.

— Les enfants, je ne voudrais pas perturber votre petite *fête*... mais j'aimerais bien pouvoir m'asseoir !

Mathilde et Guillaume se sont levés précipitamment mais c'était trop tard, mon père avait gâché l'ambiance. Luc l'a regardé gêné et il a dit tout bas.

— Je crois que votre père en a assez qu'on l'envahisse... On se verra plus tard !

D'un seul coup, j'ai retrouvé ma voix :

— Mais non ! Mais pas du tout ! Mais il plaisante ! Papa, dis que tu rigolais !

— À peine... a ironisé mon père.

Luc était déjà dans l'allée, les autres l'ont suivi.

— Faut toujours que tu gâches tout, papa ! De quoi j'ai l'air, moi, maintenant ? D'une idiote ! T'es content, j'espère ?

— Ça ne va pas bien, Juliette ? s'est exclamée maman. Tu parles autrement à ton père… même si je reconnais que sa façon de faire n'a pas été des plus subtiles !

— Je ne voulais pas être subtil, a répliqué papa, je voulais être assis !

Il m'a énervée, mais énervée !

— Pour une fois que quelqu'un vient nous voir, clac ! Toi, tu les mets à la porte ! Quand je pense que nous, on doit être polis toute l'année avec tes invités ! Pourtant y'en a qui… franchement…

Il m'a fixée avec un air amusé.

— C'est à cause de ce grand jeune homme que tu t'énerves comme ça, Juliette ?

Je savais que si je répondais, j'allais dire des choses qui me vaudraient d'être envoyée direct dans ma tente, alors j'ai préféré y aller tout de suite.

En fait, je n'étais pas si mal toute seule dans mon igloo. Je pouvais m'étaler et réfléchir tranquillement. Je pouvais même emprunter l'i-pod de Sabine sans qu'elle proteste. Pour que papa comprenne bien que je n'avais surtout pas le cafard à cause de lui, je me suis mise à chanter assez fort la chanson qu'on met en boucle à la maison depuis des semaines.

« Tu es laide et je suis joliiie... Tu es glauque, je suis sexyyy... »

Il la déteste, je l'adore.

Et, lui, pour que je comprenne bien aussi que ça lui était égal que je boude à part, il a crié :

— Sabine ! Mathieu ! Ça vous dirait une petite pizza ? Pour moi, ce sera une Quatre-saisons, avec un supplément d'olives !

11

Luuuuuc...

— Venez vite ! Viiiiite ! Sortez de là, c'est génial !

J'ai fait un bond dans mon duvet. Heureusement que le plafond de l'igloo est en toile. Sabine a grogné, puis elle a enfoncé davantage la tête dans son oreiller. Comme on ne réagissait pas assez vite, Mathieu a descendu sans attendre la fermeture éclair. Zip !

— Vite, c'est d'enfer ! Venez voir la surprise de Luc !

— Luc ! Luc ? Il est là ?

— Mais ouiii ! Mais lève-toi !

Me lever ? Mais je n'étais pas présentable, moi, au petit matin, en vieux bas de pyjama tout ramolli et T-shirt Tintin. Avec, en prime, Milou imprimé dans le dos ! J'ai passé la tête hors de la tente, rien que la tête.

— Oui ?

— Mais sors, Juliette ! Viens voir, c'est trop cool ! Vite, il faut traverser le camping !

Luc souriait à quelques pas derrière mon frère, il semblait enchanté de sa réaction.

— Je… Ça va si on vous rejoint tout de suite ?

— D'accord, mais grouillez-vous ! Emplacement 3… allée de la Plage.

— C'est ça, on vous rejoindra, a grommelé Sabine. Comptez là-dessus... bonne nuit !

J'ai mis du temps à décider Sabine. Ensuite, il a fallu que je l'aide à retrouver ses vêtements, sa deuxième basket, et moi, je n'arrivais pas à me choisir une robe.

— Ben, mets ton jean comme d'habitude, a suggéré en bâillant ma copine.

N'importe quoi ! J'ai tout retourné dans l'igloo et j'ai fini par mettre la main sur ma jupe mauve et mes ballerines.

Mes parents prenaient leur petit déjeuner sous l'auvent. Ils ont eu l'air étonné qu'on parte sans rien manger. Sabine rechignait encore, j'ai dû la tirer par la main à travers tout le camping.

— Oh là là, pas si vite... Dis, on n'est pas déjà passées, là ?

Elle y mettait vraiment de la mauvaise volonté.

— C'est encore loin ? Ah, vivement le collège qu'on se repose ! a-t-elle ajouté quand on a tourné dans l'allée de la Plage.

Elle venait encore de s'arrêter pour renouer ses lacets quand j'ai vu Luc, et mon frère. Mathieu, hystérique devant le local-poubelles, sautait partout, se tordait les mains.

— C'est… c'est… c'est super ! haletait-il. C'est trop beau, j'y crois pas ! Ah, vous voilà enfin !

En écartant les bras au maximum, il a crié :

— Bienvenue chez nous !

Sabine a regardé alternativement Mathieu, le local, puis Mathieu…

— Tu as eu une insolation dès l'aube ?

— Làààààà ! Là, l'emplacement 3 ! Notre emplacement ! Un emplacement pour recevoir nos clients, rien que pour nous, pour *Sabine, Juliette et Mathieu, Conseils* !

À cause du regard appuyé de Sabine sur les poubelles, Luc s'est cru obligé de s'excuser :

— C'est le seul que mon père a bien voulu me donner. Je reconnais qu'il est un peu coincé entre le local-poubelles et les toilettes, mais… c'est très passant, ici, comment dire… très commercial !

— Absolument ! Absolument ! me suis-je écriée. C'est l'idéal ! C'est vraiment gentil à toi, Luc ! Il n'y a que ceux qui ne connaissent rien aux affaires qui pourraient critiquer !

Alors, toute la matinée, nous avons installé notre nouveau bureau.

Luc nous a fourni une tente, usée mais

très vaste. Et, à l'intérieur, nous avons disposé des caisses retournées pour servir de tables.

— J'en apporterai des vraies dès que possible mais mon père commence à trouver que j'exagère…

— Ces caisses sont parfaites, Luc ! lui ai-je répondu en souriant parce que c'était très gentil de sa part de s'inquiéter pour ça.

Là, Sabine a grogné et elle m'a tirée brusquement à l'écart.

— Tu arrêtes un peu ton numéro ? Tu es ri-di-cu-le !

— Qu'est-ce que j'ai encore fait ?

Sabine s'est mise à se tortiller comme une idiote en minaudant :

— Oh ! Luuuuuc ! C'est si gentil, Luuuc ! Oh, merci, Luuuuc ! C'est parfait, Luuuuc... Non mais réveille-toi, Juliette ! Tu as compté combien de fois tu as dit « Luuuuc » depuis ce matin ? Tu ne voulais pas entendre parler de clients mais maintenant que ça plaît à Luuuuc...

J'ai préféré ne pas répondre et je suis allée

aider les garçons à installer un coin « salle d'attente ». Ils alignaient des chaises sur des nattes de plage, ça faisait très bien. Sur une caisse, Luc a posé des magazines tout neufs pour faire patienter les clients.

— Quelle bonne idée, Luuuuuc ! a dit bêtement Sabine en me regardant. Mais, vu qu'on n'a pas un carnet de rendez-vous super chargé, c'est peut-être un peu beaucoup non, huit chaises ?

Luc a pris un air modeste qui lui allait très bien comme s'il savait déjà ce qu'allait répondre mon frère.

— Tout faux, ma vieille ! s'est exclamé Mathieu. Luc s'est occupé de ça aussi ! Hier soir, au lieu de bouder dans son duvet comme certaine, il a fait le tour des tentes et il nous a dégoté plein de clients ! Notre premier rendez-vous, c'est...

Il a regardé sa montre de plongée étanche jusqu'à trente mètres.

— Oh ! Dans une demi-heure !

— Oui, a expliqué Luc. J'ai eu l'idée grâce à Baptiste. C'est impressionnant le nombre d'enfants que les parents obligent à faire des cahiers de vacances ! Dans une demi-heure, ils arrivent tous pour qu'on les aide…

— Vous allez avoir l'air fin si vous n'arrivez pas à faire leurs exercices… a dit Sabine.

— Je ne suis pas fou, je n'ai proposé à personne au-dessus de la sixième.

Luc pensait vraiment à tout.

Une demi-heure plus tard, Baptiste et une petite dizaine de clients ont commencé à s'approcher de la tente. Ils tenaient tous sous le bras un ou des cahiers de vacances, une trousse, j'en ai même vu un avec un cartable.

— Installez-vous ! leur a dit Mathieu. Les sixièmes avec les sixièmes, les CE2 avec les CE2, hein ?

Par chance, plusieurs enfants avaient les mêmes cahiers. Quand on s'en est rendu compte, on a pu faire accélérer les choses. Groupe par groupe, on leur a dicté les réponses.

— Maintenant, les maths de ce cahier-là, prenez la page 4, a dit Luc aux CM2. *Un grand magasin compte sept étages, le rez-de-chaussée et six sous-sols numérotés de -1 à -6. Élodie se trouve au dernier sous-sol, monte de treize étages, descend de cinq, puis encore de cinq et enfin remonte de six étages. Question : Où se trouve-t-elle ?*

— Elle a la bougeotte, la Élodie ! a rigolé un garçon qui s'appelait Paul. J'espère qu'elle prend les escalators !

Tout son groupe a pouffé, Mathieu n'a pas apprécié :

— Hé ! Vous vous croyez en classe ou quoi ? Allez-y, ne vous gênez pas ! Rigolez, bavardez pendant que vous y êtes ! C'est dingue, on se croirait à l'école !

— Oh, pardon... a dit Paul.

Et Luc a donné le résultat.

Une petite heure plus tard, ils regardaient tous leurs cahiers, à la fois surpris et ravis de voir qu'en si peu de temps, on avait expédié autant de pages.

— Merci beaucoup, a dit une CM 1 à mon frère. C'était super, il nous faudrait un système comme ça à l'école. Plus tu vas vite, plus tu sors tôt. Ça motiverait drôlement les élèves !

Puis, elle a posé la question que j'attendais un peu :

— On vous doit combien ?

— Dix euros… pour le cahier complet, bien sûr !

C'était très raisonnable à mon avis mais j'ai vu d'un seul coup leur visage changer de couleur et ils se sont tous tournés vers Luc. À son air, j'ai compris qu'il n'avait pas dû être très précis sur les tarifs.

— Vous pouvez payer en plusieurs fois… ai-je ajouté.

Ils avaient l'air toujours aussi gênés.

— Ils ne sont pas vieux, m'a chuchoté Luc. On pourrait adapter les prix, non ?

— Ben… Bon… Disons que chacun paiera ce qu'il peut, ai-je proposé, ça vous va ?

Mathieu a failli s'étrangler et Sabine m'a regardée comme si j'étais en train de me transformer en alien.

— Mais Juliette ? Qu'est-ce qui t'arrive ?

Nos clients ont retrouvé le sourire d'un coup et Luc a posé la casquette de mon frère sur une caisse de la salle d'attente.

— Mettez ce que vous pouvez, on s'arrangera ! leur a-t-il dit alors qu'ils sortaient en file indienne. Allez, à demain, même heure ! Et surtout, montrez vos cahiers de vacances à vos parents et dites-leur que vous avez eu beaucoup de mal, ils adorent ! À demain !

Quand on s'est retrouvés à quatre dans la tente, on s'est aussitôt affalés sur des chaises. Sabine a attrapé la casquette en grimaçant.

— C'était génial, hein ? s'est exclamé Luc. Ça a drôlement bien marché. Dès ce soir, je refais un tour de camping, je suis sûr qu'on peut développer le marché à fond !

— À fond ! a repris Sabine. C'est vrai qu'à trois euros soixante-cinq, un ticket d'entrée au mini-golf et un paquet de chewing-gum presque pas entamé, le tout à partager en quatre, cela serait dommage de ne pas développer le marché…

Elle ne se rendait même pas compte qu'elle était injuste envers Luc qui s'était donné un mal fou pour nous faire plaisir. Si on avait été chez nous, je l'aurais engagé tout de suite comme directeur du marketing et de la communication.

— Tu ne penses qu'à l'argent ou quoi ? ai-je dit assez sèchement à Sabine. Ça ne compte pas pour toi que les cli… que les petits soient super contents ?

Elle m'a envoyé un regard furibond. Luc, lui, a apprécié ma réponse. Vraiment. Sinon il ne m'aurait pas dit comme ça : « Je suis content de t'avoir rencontrée, Juliette, j'ai l'impression qu'on est un peu pareils. » C'est exactement ce qu'il a dit : « On est un peu pareils… »

— Bon, les filles, ne vous disputez pas. Ce n'est qu'un début, a dit mon frère. Alors... maintenant qu'on est riches, qu'est-ce qu'on va faire de tout ce pognon ?

Sabine a agité le ticket de mini-golf.

— On pourrait y aller ?

— Plus tard, a répondu Luc. Mathieu et moi, on doit d'abord s'occuper de la pancarte.

Il débordait vraiment d'énergie et d'initiative. Je me suis dit que ce serait vraiment formidable d'avoir au collège un copain comme lui. Mais ça m'a fait imaginer la rentrée, la fin des vacances, le moment où il faudrait repartir. Alors, pour ne plus penser à ça, je me suis précipitée dehors pour les aider. Les garçons arrachaient déjà la petite pancarte *« emplacement n° 3 »* pour la remplacer par la nôtre, beaucoup plus grande :

SABINE, JULIETTE, MATHIEU
ET LUC, CONSEILS
Permanence assurée
de 10 heures à midi
et de 14 à 19 heures.

12

Hou ! Hou !

Après le déjeuner, Mathieu a proposé de prendre le premier tour de garde sur notre emplacement.

— Mais n'abusez pas… a dit mon frère. Retour au camp de base dans deux heures !

— Deux heures ! C'est trop généreux, a ironisé Sabine. Fais gaffe, on va se croire en vacances.

À peine arrivées sur la plage (j'installais ma serviette), Luc nous a rejointes. J'ai regretté d'avoir mis sans réfléchir mon maillot noir, le mauve me va beaucoup mieux.

— Alors ce bronzage ? Ça avance ? a dit joyeusement Luc.

— Ben…

— Une catastrophe ! a répondu Sabine pas gênée du tout. Pourtant qu'est-ce que je me tartine !

Elle comparait son bras avec celui de Luc quand j'ai entendu un cri au loin.

— C'est eux !

Un petit s'est mis à courir dans notre direction, puis un second, puis deux autres, puis toute une troupe. Paul, Léa, Julie, Steve, Medhi, Gabrielle et d'autres dont j'ignorais le prénom… presque tous nos clients du matin ! Ils nous ont raconté dans le détail les réactions de leurs parents devant leur cahier de vacances.

— Parfait, parfait ! a dit Sabine. Vous êtes très gentils d'être venus nous la dire, mais maintenant, nous nous reposons… d'accord ? Alors, on se dit à demain, hein ? À demaiiin !

Les gamins ont eu l'air déçu. La petite Léa a poussé Paul en avant.

— Dis-lui, toi !

— Dis-lui ? a répété Luc, amusé.

Ça se voyait qu'il aimait énormément les petits. Ça doit être parce qu'il est fils unique.

— On a un truc à vous demander... a commencé Paul. On aimerait faire un château de sable géant vraiment grand mais on n'y arrive pas !

Medhi a insisté :

— On mettra de l'argent dans la casquette !

— Allez, s'est exclamé Luc. On ne va pas vous faire payer pour ça !

Et j'étais d'accord. De temps en temps, il faut quand même savoir faire des choses gratuitement.

— Allez chercher le matériel, leur ai-je lancé. Pelles, seaux, grues, tracto-pelles, marteaux-piqueurs, tout ce que vous trouverez !

Ils sont partis comme une nuée d'oiseaux, mais en m'entendant, Sabine s'est écroulée sur le sable.

— Je fais un cauchemar... Dites-moi que je vais me réveiller... a-t-elle déclamé. Et à mon réveil, je retrouverai la Juliette normale, MA Juliette. Celle qui d'habitude préférerait mourir que de faire la moindre réduc' à un client ! Ouiiii, MA Juliette ! Celle qui refuse n'importe quel baby-sitting parce que les petits, ça la fatigue, ça pigne, ça court partout, ça se mouche et ça ne comprend rien à rien.

J'ai vite entraîné Luc plus près de l'eau. Je n'avais pas très envie qu'il entende ça et, puis, c'est bien connu qu'il faut du sable humide pour construire de solides châteaux.

Luc et moi, on a passé l'après-midi les mains dans le sable. Sabine venait de temps en temps voir si ça avançait et retournait tenter de bronzer. Mathieu, lui, a passé l'après-midi à attendre le client sur notre emplacement.

C'est pour ça qu'en fin de journée il nous a accueillis plutôt froidement :

— Ah, quand même ! Toujours les mêmes qui travaillent ! Comme à la maison, comme devant l'ordinateur !

— À propos… et si tu me parlais un peu de votre site internet ? lui a très habilement demandé Luc.

Je ne sais pas si je l'ai déjà dit mais Luc est

très fin, très psychologue. Évidemment, mon frère s'est laissé amadouer. Il a ronchonné encore un peu pour la forme mais il était enchanté de tout expliquer en détail.

— Vous proposez des tests en ligne ? Et un logiciel de relooking ? Ah, j'aimerais bien le voir ! a dit Luc, l'air sincère. Mon père a internet dans son bureau mais si j'approche, il se fâche… Mon cousin est un accro d'MSN. Alors, mon père a tellement peur que ça m'arrive aussi qu'il aboie dès que j'approche un écran.

— Et ton père... est toujours dans son bureau ? a demandé Sabine.

— Oui, lui ou ma mère, il y a toujours quelqu'un, sauf la nuit, bien sûr.

— Sauf la nuit… a répété Mathieu, très intéressé.

Mes parents n'ont pas fait de commentaires. Ils semblaient surpris qu'on avale si vite notre dîner. On bâillait beaucoup pour bien leur faire comprendre qu'on n'allait pas traîner à aller se coucher.

— Aaaaaaaaah... je suis fatigué, moi ! a insisté mon frère.

— Inutile de vous proposer d'aller manger une glace ? a demandé Maman.

— Aaaah... Impossible, je m'endormirais le nez dans le cornet !

— Ça va ! a dit mon père. J'espère que vous ne mijotez pas une quelconque bêtise ?

— Aaaah... Fatigués comme on est, il n'y a pas de danger !

Ce n'était pas que du cinéma. Quand je me suis retrouvée dans notre igloo, ce soir-là, j'étais épuisée, vidée, ratatinée. Je n'étais pas censée m'endormir mais attendre tranquillement le signal. À la nuit tombée, Luc devait vérifier de derrière la haie que mes parents étaient bien sous leur tente et hululer. Je sentais mes paupières s'alourdir, j'écoutais vaguement Sabine, et je me suis endormie. J'ai rêvé que j'essayais de construire un immense donjon, plus haut que moi, mais dès que j'arrivais en haut, pfffft.... Le sable séchait, tout s'écroulait et je recommençais...

— Hou ! Hou !

— La chouette ! C'est le signal !

Les cris de Sabine m'ont réveillée. J'ai reconnu Luc dans la lumière de la lampe torche de mon frère et je me suis décidée à bouger.

Vu qu'on avait la clef, on ne peut pas dire qu'on soit entrés par effraction dans le bureau de monsieur Léopold. Mais pour l'ambiance, c'était tout à fait ça. Mathieu portait même un bonnet marin enfoncé jusqu'aux oreilles « pour ne pas qu'on le reconnaisse », on avançait sur la pointe des pieds.

— C'est là !

Dans le faisceau de la lampe, j'ai aperçu l'ordinateur. L'écran de veille dessinait des formes géométriques multicolores. Comme par réflexe, Mathieu s'est installé devant le premier. Sans attendre, il s'est connecté sur notre site.

— www.sabine.juliette.com… Voilààà !

Il s'est baladé de page en page sans proposer une seule fois la souris à Luc. Il ponctuait toutes ses explications de : « Là, j'ai mis », « Là, j'ai fait… », « Là, j'ai voulu que nos clients essaient eux-mêmes un relooking… », « Là, j'ai pensé que c'était bien qu'ils aient nos tarifs… », « Là, j'ai donné des renseignements sur moi, ma vie, tout ça… »

Je, je et encore je…

Pourtant, c'est vers moi que Luc s'est tourné pour dire :

— Très chouette !

— Et si on en profitait pour relever notre courrier ? a proposé Sabine.

Sur notre messagerie, ce n'était pas la bousculade.

De : CHARLES <charles.rey@icom.net>
À : <sabine-juliette@zoom.fr>
Envoyé : mardi 7 - 10:32
Objet : Coucou !

Coucou ! Une semaine de vacances et

je m'embête déjà ! En juin, je n'attends qu'une chose : les vacances ! Et c'est toujours pareil, au bout de trois jours, je m'ennuie. Tout me manque, le collège, les copains, même vous, c'est dingue, non ? Même les profs me manquent. Enfin, presque. Bon ! Mes copains sont tous partis alors est-ce qu'on pourrait se voir cet après-midi ? On pourrait aller à la piscine ? Ou au cinéma ? Où vous voulez, je m'en fiche, pourvu que je ne sois pas tout seul.

J'attends votre réponse !

Charles Rey

De : MIA <MiaHGV@lam.fr>

À : <sabine_juliette@zoom.fr>

Envoyé : mardi 7 - 12:22

Objet : Help !

Salut les filles ! Je suis trop déçue ! Je viens d'apprendre que vous êtes parties ce matin pour tout un mois, c'est l'horreur ! C'est grave ! J'avais absolument besoin d'un de vos conseils ! Mes parents m'ont inscrite en douce à un stage de randonnée. Ils ont dit comme ça que c'était une surprise parce que j'avais bien travaillé. Si j'avais su ! Terminé, moi, l'année prochaine, je ne fais plus rien en classe ! Vous n'imaginez pas le cauchemar, sans exagérer ! Pendant deux semaines, je vais devoir marcher en Auvergne avec des gens que je ne connais pas (il paraît que ça monte sec dans ce coin-là) et le soir, c'est feux de camp, saucisses grillées et chansons débiles garanties. Et il faut porter son sac à dos, et sa gourde. Ils n'ont même pas l'eau courante !
Pitié les filles ! Aidez-moi ! Il n'y

a que *Sabine et Juliette, Conseils* pour m'arranger ça ! Votre prix sera le mien. Je n'ai plus qu'à espérer que, là où vous êtes, vous pouvez lire mon message.
Help ! Pitié ! Au secours, épargnez-moi la randonnée ! Rien que d'y penser, j'ai déjà mal aux pieds !
Mia
qui compte sur vous plus que jamais.

De : CHARLES <charles.rey@icom.net>
À : <sabine-juliette@zoom.fr>
Envoyé : mardi 7 - 15:14
Objet : Coucou numéro 2 !

Bon, alors ! Où vous êtes ? Ce n'est pas croyable, ça ! Pas de réponse à mon message !
J'attends encore !
Charles Rey

Suivaient quelques messages de Charles, de moins en moins content, et puis, plus rien.

J'ai demandé à Luc si cela ne l'ennuyait pas que je réponde à Mia.

— C'est une bonne cliente, ai-je expliqué. On l'a déjà conseillée pour un relooking et un problème familial…

— Et un conseil en amour ! a précisé Mathieu.

— Oui mais celui-là n'a pas marché, on a remboursé, a reconnu Sabine.

Luc, qui est très compréhensif, m'a permis d'écrire tout de suite :

— Je t'en prie… En plus, j'ai très envie de voir comment vous travaillez !

De : SABINE et JULIETTE <sabine-juliette@zoom.fr>

À : <MiaHGV@lam.fr>

Envoyé : jeudi 9 - 23:46

Objet : Re-Help !

Chère Mia,

Nous sommes actuellement en vacances comme tu le sais, mais même en vacances, *Sabine et Juliette, Conseils* ne laissent pas tomber leurs meilleurs clients !

Le plus simple pour éviter la randonnée en Auvergne, c'est de rater le départ.

Une multitude de solutions sont possibles : perdre ton billet de train, perdre ta carte d'identité ou n'importe quel papier obligatoire pour le stage (exemple : carnet de santé). Si tes parents te conduisent là-bas, tu peux aussi égarer pour quelques jours les clefs de la voiture.

Sabine demande si tu as dit franchement à tes parents que tu ne voulais pas y aller ?

Si oui, et qu'ils n'ont rien voulu entendre, essaie les solutions proposées au-dessus !

Tu peux aussi dire que tu veux absolument voir ta grand-mère. Ça plaît toujours.
Tu peux aussi te faire des ampoules terribles avant de partir en marchant comme une folle dans le quartier (pieds mouillés et pas de chaussettes dans des baskets trop grandes). C'est garanti mais ça fait mal.
Voilà, Mia, avec tout ça, tu ne devrais pas être obligée de chanter auprès du feu: «Elle descend de la montagne à cheval! Youpi, youpi, aïe!»
On note que tu nous dois cinq euros pour problème familial.

À la rentrée!
Sabine et Juliette, Conseils

Et pour qu'il arrête d'encombrer notre messagerie, on a mis un mail express pour Charles:

De : SABINE et JULIETTE <sabine-juliette@zoom.fr>
À : <charles.rey@icom.net>
Envoyé : jeudi 9 - 23:50
Objet : Re-Coucou

Messages reçus. En vacances à 500 bornes, un peu loin pour le cinoche ou la piscine.
Sans rancune. À plus.
S et J

Luc était impressionné, je le voyais bien. Les yeux rêveurs, il a dit : « Ah ! Quand je pense que j'ai même pas une adresse e-mail à moi ! »

Le jour commençait à se lever, Sabine a protesté qu'on allait se faire prendre.

— Si j'en avais une, Juliette, après les vacances, on pourrait s'écrire autant qu'on veut ! a ajouté Luc.

J'ai rassis énergiquement mon frère devant le clavier. Mathieu s'est immédiatement reconnecté et il a demandé joyeusement à Luc :

— Alors, dis ! Qu'est-ce que tu préfères ? luc@zoom.fr… ou lucleopold@zoom.fr ?

13

Chère X… virgule…

On n'aurait pas dû se recoucher si tôt. Ça a été horrible quand maman nous a réveillées en secouant l'igloo :

— Sabine ! Juliette ! Il y a un soleil magnifique mais ça ne va pas durer ! Ils disent à la radio que le temps va se gâter… il faut en profiter. Allez, debout ! Mathieu est déjà parti !

À l'aveugle, j'ai avalé mon bol de lait. Je somnolais toujours quand nous avons rejoint notre bureau. Mon frère, très en forme comme s'il avait passé une nuit complète dans son duvet, trônait dans la salle d'attente, au milieu des clients. Je pensais les voir sortir leurs cahiers de vacances, j'en soupirais déjà, mais Mathieu a annoncé :

— Aujourd'hui pas d'exercices ! À la demande de Léa, il y a un changement de programme !

C'était un peu comme en classe quand le professeur annule l'interro, il y a eu des petits cris de joie.

— Léa m'a parlé hier après-midi de sa pire corvée des vacances… Les… ? Les… ?

— Les tours de vaisselle ! a proposé Gabrielle.

— Non… Les… ? Les… ?

Mathieu jouait les animateurs, les monsieur Loyal du cirque Pinder, c'était fatigant.

— Abrège… lui a conseillé Sabine.

Il a écarté grands les bras avant de déclamer :

— Aujourd'hui, *Sabine, Juliette, Luc et Mathieu, Conseils* ont la joie de vous organiser une séance unique pour vous éviter la pire corvée de l'été, une séance entièrement consacrée au remplissage des…

À l'instant même, on a entendu quelqu'un crier au-dehors : « Je les ai ! » et Luc est entré précipitamment dans la tente. Tellement vite, qu'il s'est pris un pied dans la natte et que tout ce qu'il tenait lui a échappé des mains.

— Des cartes postales ! se sont exclamés en chœur les clients.

— Tu les as prises dans le magasin de ton père ? s'est inquiété Baptiste Marin.

— Prises… a dit Luc. Disons empruntées... définitivement. Mais je n'ai pas emprunté les plus neuves !

Ça se voyait que ces cartes-là devaient attendre depuis des années sur un présentoir. Et, jaunies et gondolées, plus le temps passait, moins elles avaient de chance d'être choisies.

J'ai regardé les clients faire leur tri. Léa a sélectionné un dauphin qui sautait dans des vagues délavées. Baptiste a choisi une carte-recette de cuisine assez peu appétissante.

— Je prends celle-là pour ma grand-mère... Les Moules marinières... Au moins, elle apprendra à les faire !

— Je vais essayer de faire accélérer les choses, m'a chuchoté Sabine.

— Tiens ? Je croyais que tu ne voulais pas nous aider ? ai-je rétorqué. Que j'étais ridicule de tout céder à Luuuuc ?

— Exact, t'es ridicule ! Et ce n'est pas du tout les vacances que j'imaginais. Mais comme je n'ai pas envie de passer tout mon temps seule dans les dunes, tu ne me laisses pas le choix. Alors, je vous aide mais je te préviens, ça va être du rapide !

Sabine a fait asseoir les clients en tailleur et elle leur a expliqué qu'elle allait leur dicter la première carte :

— Quand je dis X, vous écrivez mam-i-e, ou mam-y, ou grand-mère, ou mémé, exactement comme vous les appelez d'habitude... OK ?

— OK !

— On y va ! *Chère X*... virgule... à la ligne... *j'espère que tu vas bien*... point. *Moi* avec une majuscule... virgule... *je passe de très bonnes vacances*... point. *Il* avec une majuscule... *fait beau*... virgule... *la mer est chaude*... point. À la ligne... majuscule... *je t'embrasse très fort*... point ! Voilà, et vous signez !

On ne pensait avoir que quelques fautes à corriger et hop ! à nous, le sable chaud ! mais c'était catastrophique. En plus des fautes, presque tous avaient même écrit les « à la ligne ».

— Je ne pourrais jamais être instit, a soupiré Sabine.

— Moi non plus, ai-je grogné, ou il y aurait des morts... Bon ! Changement de méthode, vous autres ! Je vous fais des modèles et vous recopiez !

Mes modèles, je les ai gardés précieusement car c'était un bon truc à mettre en ligne sur notre site internet pour aider nos clients dans le même cas. Mathieu a reconnu que cela ne serait pas compliqué d'ajouter une page sur le site : *Modèles de cartes postales à la famille, spéciales vacances.*

On aurait donc :

• *Le modèle classique*

(recommandé pour grand-père, grand-mère, etc.) :

Cher (ou chère) ....,

J'espère que tu vas bien. Moi, je passe de bonnes vacances.

Je t'embrasse très fort.

X

•Le modèle moderne

(pour tante, oncle,
cousin…) :

Coucou !!!

C'est moi, ……………………!
Je suis au bord de la mer !
J'adore les vacances !

Big bisou !

X

J'étais particulièrement contente du modèle numéro 3.

C'est notre voisine de camping qui m'en a soufflé l'idée. Pendant que nos clients recopiaient leurs cartes et que je faisais une pause avec Luc à l'entrée de la tente, elle est venue tout doucement vers moi.

— Dis, Juliette ! Tu n'aurais pas une idée pour ma cousine ?

Sur le moment, je n'ai pas compris.

— Eh bien, prends le modèle 2, le moderne…

— Non, non… Ma cousine Louise, je ne l'aime pas trop. D'habitude, je ne pars pas en vacances et, elle, elle m'envoie des cartes qui font envie, tu vois ce que je veux dire ?

Je voyais assez bien.

Luc lui a tapoté l'épaule.

— Ne bouge pas, je reviens !

Deux ou trois minutes plus tard, essoufflé, il a rapporté une longue carte toute neuve. Avec un sublime coucher de soleil comme à la télé dans les reportages sur le Pacifique, avec une plage de sable blanc, un cocotier et un surfer bronzé comme le Ken de Barbie. Gabrielle nous a fait poliment remarquer que c'était joli mais ne ressemblait pas du tout à la plage des Flots Bleus.

— Quelle importance ? a dit Luc en souriant. Ta cousine n'est jamais venue ici ?

— Oh non !

Alors, pour qu'elle puisse à son tour faire pâlir sa Louise de jalousie, je lui ai proposé le modèle dont je suis très fière :

• *Le modèle pour énerver ceux qui ne sont pas encore partis :*

Salut Louise !

Pas le temps de détailler mes vacances géniales ! Trop de trucs super à faire !

Gabrielle

Ps : Essaie le surf, c'est fun!

À la fin de la séance, à mon grand, vraiment grand étonnement, la casquette était plus que remplie. Ça m'a fait plaisir, je me suis dit que nos clients devaient être satisfaits. Pour les remercier, je leur ai donné (pour rien) un conseil de dernière minute :

— Envoyer des cartes postales compte encore plus que vous ne l'imaginez. Je sais que certains grands-parents comptent avant Noël les cartes qu'ils ont reçues pendant l'année. Vous voyez ce que je veux dire ? J'ai connu une grand-mère qui les classait dans une boîte à chaussures avec des intercalaires au nom de tous ses petits-enfants. Sous le sapin, je peux vous promettre qu'ils n'avaient pas tous un vélo neuf !

Là, mon idiot de frère a éclaté de rire :

— Hé ! Tu parles de Mamie Jeanne ! Je me souviens de l'année où j'ai eu deux énormes boîtes de Lego… T'avais eu des pâtes de fruits, non ?

— Ça va !

— Tu crois que la mienne fait pareil ? m'a demandé Julie.

— On ne peut pas en être sûr. Mais en leur écrivant souvent, vous augmentez vos chances ! Pensez à Noël !

Immédiatement, ils se sont partagé les cartes qui restaient, il y a même eu une dispute.

Puis, un à un, ils sont partis, contents.

— Ouf ! a soupiré Sabine. On va enfin pouvoir aller à la plage…

14

Seule, ou presque

Comme ça, vu de loin, vu de l'extérieur, c'était idéal. J'étais au bord de la mer, enfin au soleil sur la plage avec ma meilleure amie et mon frère, avec mes parents pas trop près mais pas trop loin et... Luc.

Mais vu de près, quelque chose clochait, quelque chose m'agaçait de plus en plus.

Mathieu parlait beaucoup, essayait d'être drôle. Tout le monde riait sauf moi.

Et Sabine partageait ma serviette parce que Mathieu avait oublié la sienne. D'habitude, je n'y aurais pas fait attention mais, là, je trouvais qu'elle prenait beaucoup de place, énormément de place.

Elle a remarqué que je m'énervais peu à peu. Elle a dû s'en rendre compte quand elle m'a demandé de lui passer son sac et que je lui ai répondu en désignant mon front : « Y'a pas marqué sherpa, attrape-le toi-même ! » ou peut-être quand elle m'a proposé d'essayer la nouvelle lotion bronzante qu'elle avait achetée la veille (23 % de son argent de poche) et que je lui ai répondu : « Regarde mieux, y'a pas non plus marqué cobaye ! »

Elle a échangé des regards avec Mathieu. Et ils se sont levés.

— Vous allez vous baigner ? leur a demandé Luc.

— Pas exactement, lui a répondu Sabine. Dis, ça ne t'embête si on parle deux minutes à Juliette ?

— En... en privé, s'est cru fin d'ajouter cette andouille de Mathieu.

— Oh, euh, non ! Je... je vais aller voir si l'eau est bonne.

Aussitôt, il est parti. Je n'étais plus *un peu* énervée, j'avais des envies de meurtre.

— Vous jouez à quoi, là ? Vous vous liguez pour me pourrir les vacances, c'est ça ? Chacun votre tour et maintenant ensemble ?

Ils se sont agenouillés à côté de moi, on aurait dit qu'ils étaient à mon chevet. J'ai fini par m'asseoir.

— Allez, vide ton sac ! m'a encouragée mon frère.

Je ne savais pas par où commencer. Je ne savais surtout pas *comment* commencer. Ce n'était pas évident de dire aux deux personnes avec lesquelles je passais tout mon temps depuis des années que d'un seul coup, mon rêve le plus cher, c'était de les voir se dissoudre instantanément dans la stratosphère.

— On dirait qu'on t'énerve ? a insisté mon frère.

Alors, j'ai sorti de mon sac de plage un billet de cinq euros enfoui au fond sous le livre que je n'avais pas encore eu le temps d'ouvrir. Je l'ai lissé, je l'ai étalé sur ma serviette, juste devant eux.

— Cinq euros pour un conseil de *Sabine et Mathieu, Conseils ?* Vous me prenez comme cliente ?

— Ça dépend, a pouffé Mathieu. Si c'est pour un relooking, c'est trop court, y'a trop de boulot !

Sabine lui a donné un coup de coude. Elle, elle avait compris que je ne plaisantais plus. Elle a symboliquement ramassé mon billet.

— Vas-y, on t'écoute...

— Disons, ai-je repris, que sur ma fiche-client, vous pourriez mettre... *Prénom :* Juliette, *Nom :* Lambert. *Problème :* Ne sait pas trop comment annoncer à son frère et à sa meilleure amie qu'elle aimerait bien passer un peu de temps sans eux, toute seule, ou presque...

Sabine s'est gardée de sourire. Elle a saisi tout de suite, il a fallu un peu plus de temps à Mathieu.

— Aaaah... s'est-il enfin écrié. J'y suis ! Tu veux être toute seule avec lui !

— Tu veux un mégaphone ? a protesté Sabine.

Mathieu s'est alors penché pour chuchoter :

— Toute seule… avec Luuuc…

Oui, mon rêve le plus cher, c'était bien mon frère en miettes dans la stratosphère !

Heureusement, Sabine a levé son coude pour lui indiquer qu'il était encore à sa portée et Mathieu s'est tu.

— Eh bien, a dit Sabine. Pour cinq euros, à la cliente *Juliette Lambert*, je dirais qu'il vaut mieux être franche. Qu'au lieu d'être désagréable pendant des jours et des jours, il vaut mieux dire en face *à son frère et à sa meilleure amie* qu'elle les apprécie mais qu'elle apprécierait encore plus d'avoir des petits moments à elle… Ils devraient comprendre.

Je n'osais pas trop les regarder, je suivais Luc des yeux. L'eau avait l'air d'être bonne.

— Merci, ai-je bougonné.

— Tu sais quoi, mon cher Mathieu ? lui a annoncé Sabine. Toi et moi, on va ramasser des coquillages !

— Ben, pour quoi faire, des coquillages ?

— Je ne sais pas, moi, a répondu Sabine en prenant déjà son sac de plage, pour fabriquer des colliers ou des jolis petits cadres ? Ou des statuettes en coquilles de moules ? C'est beau, ça, les statuettes en moule ! Allez, on y va !

Mathieu la regardait les yeux ronds, elle lui a lancé ses tongs. Il n'avait toujours pas l'air d'avoir compris mais il l'a suivie. Il faut dire qu'elle lui tenait assez fermement les épaules.

L'eau était bonne, je confirme.

Et le temps était magnifique.

Et le vent parfait, juste frais mais pas trop fort pour ne pas nous envoyer du sable.

Et personne n'est venu nous casser les pieds.

Même pas mon frère.

Et non, ça ne vous regarde pas de savoir s'il m'a embrassée.

Mais j'ai passé la meilleure des après-midi depuis des milliers d'années.

Je crois que j'y serais encore si d'un seul coup comme on ne le voit qu'au bord de l'Atlantique aux grandes marées, le temps n'avait pas brusquement changé. Aussi vite qu'arrivaient les nuages, les vacanciers levaient le camp. Les pères, les mères, les enfants et les alligators en plastique géants fuyaient la plage comme chassés par le vent.

On s'est réfugiés derrière un petit parasol oublié et on l'a doublé d'un mur de sable humide pour s'abriter des bourrasques.

— Il n'y a plus personne, m'a dit Luc. C'est super, tu crois que...

Mais je n'ai pas entendu la fin, de grosses gouttes de pluie commençaient de s'écraser sur la toile.

15

Pluies intenses sur l'Ouest…

Un jour, deux jours… pendant trois jours, on n'a plus quitté la tente.

— J'ai l'impression que ça se lève ! disait régulièrement Mathieu.

Le monsieur de la radio n'était pas d'accord.

Pluies intenses sur l'ouest de la France. Orages en fin de soirée.

Pas d'amélioration prévue pour le week-end…

Le premier jour, on l'avait bien pris. Certains de nos clients étaient venus nous retrouver dans la tente-bureau. C'était rigolo de lutter contre la pluie qui essayait de s'infiltrer. On avait papoté, mangé des gâteaux, joué à des jeux de société, c'était bien.

Au matin du troisième jour, le cœur n'y était plus. Les rares clients qui se risquaient encore à une petite visite jusqu'à notre tente arrivaient en bottes, en K-way dégoulinants, on les reconnaissait à peine. Beaucoup préféraient rester enfermés chez eux, l'allée de l'Océan devenait glissante, l'allée des Pins était impraticable.

Oui, le troisième jour, on ne parlait presque plus. Mathieu jouait tout seul aux petits chevaux et Sabine poussait d'énormes soupirs.

— Pff... Dire qu'on est au camping des Flots Bleus depuis une semaine, et que, même en comptant large, je n'ai pas passé plus de huit heures sur la plage à me dorer au soleil !

— Au quoi ? a dit mon frère d'une voix lugubre en renvoyant son cheval rouge à l'écurie.

Moi, j'ai commencé à vraiment déprimer quand les nattes de la salle d'attente se sont mises à flotter.

— Si vous voulez, on peut aller chez moi regarder la télé ? nous a gentiment proposé Luc.

— Dans ta maison en dur ? a demandé Mathieu.

— Ben... oui...

Une maison en dur, la télévision... Sabine et mon frère ont refusé, ça sentait trop la fin des vacances. J'y serais bien allée, moi. Surtout sans eux. Mais ils m'ont fait des yeux de cocker, des yeux qui disaient : « Arrête, Juliette ! Déjà qu'il pleut, déjà qu'on s'embête, tu ne vas pas nous abandonner ! » Pour s'isoler un peu sans vraiment les quitter, il ne restait à Luc et moi que le petit auvent.

Vers midi, on y était justement. Le ciel s'était encore assombri, le vent s'était levé. Soudain, j'ai reconnu Mathilde Garnier dans l'allée. Comme au premier jour, triste et solitaire. Elle portait son gilet de laine mais ni bottes, ni K-way, rien. Elle marchait indifférente aux tonnes d'eau qui lui tombaient dessus.

— Mathilde ? Ça n'a pas l'air d'aller ?

— Guillaume est parti…

— Déjà ?

— Oui, ses parents ont dit qu'ils filaient au sud vers le soleil…

Mathilde a continué son chemin et, moi, je me suis précipitée vers mon frère.

— Mathieu ! Il faut tout de suite retourner près des parents, j'ai un mauvais pressentiment !

On a couru dans les flaques. En apercevant l'emplacement 147, mon cœur s'est serré.

— Oh là là… On n'aurait jamais dû les laisser seuls toute la matinée ! a dit Sabine.

Mes parents étaient encore plus nerveux que d'habitude. En imperméable sur son short, mon père était en train de charger les sacs de nos igloos dans le coffre de la voiture. Il n'y avait déjà plus de table, plus de chaises, il ne restait que la grande tente, le modèle Saint Tropez.

— Papa ! Qu'est-ce que tu fais ? a crié Mathieu. On ne va pas partir pour trois gouttes !

— Trois gouttes ! a répété mon père en essuyant son visage d'un revers de manche.

— Mais ça va se lever ! Regarde !

Mon père a refermé le coffre.

— Va dire ça à ta mère… Moi, je vais prendre un café brûlant au village d'à côté ! Dans un endroit sec, avec des murs, un toit, des portes et des fenêtres

Il y a eu un grand rire derrière la haie. Le voisin n'avait rien raté de la scène.

— Alors, camarade ? a-t-il lancé à mon père. On craque ? On abandonne le navire ?

— Oui, je n'en peux plus !

— Allons, trois jours de pluie, camarade… y'a pas de quoi sortir les canots de sauvetage !

Mon père a haussé les épaules, il est monté dans la voiture et il a démarré sans plus rien écouter.

Sous la tente, on a trouvé ma mère, les épaules enveloppées dans une serviette de plage, assise sur une chaise, jambes repliées. Elle tenait des deux mains une tasse de thé avec un air dépité.

Elle a relevé la tête et elle a dit :

— Je suis désolée, les enfants, ce n'était pas une bonne idée. Le camping… c'est dur quand on n'est pas habitué.

— Maman, papa a démonté nos tentes ! l'a interrompue Mathieu.

— Je sais, vous ne pouviez plus dormir dedans de toute façon, elles sont complètement détrempées. Et puis… avec votre père, on s'est un peu disputés…

Sabine et Luc sont ressortis pour nous laisser seuls avec elle. Ce n'est pas souvent que c'est à nous de lui remonter le moral.

— Tu vois, a dit maman à mon frère, j'aurais dû t'écouter ! Tu te souviens de ce que tu disais à l'aller dans la voiture : « On habitue notre corps au confort moderne, on finit par en avoir besoin. » Tu avais raison.

— Mais non ! J'avais tort ! Archi tort ! Le

camping, c'est marrant ! C'est la liberté ! On s'en fiche du confort ! Écoute, ici, pas une seule fois, tu ne m'as dit : « Mathieu... Range ta chambre ! » Tu ne pouvais pas, je n'ai pas de chambre ! Ni « Que font tes baskets dans l'entrée ? » ou « C'est quoi, ce blouson au milieu du salon »... Ici, y'a pas d'entrée ! Y'a pas de salon ! Et pas une seule fois, tu as vu mes chaussettes dans la baignoire, hein ? Ni la brosse à cheveux de Juliette sur le frigo ? Hein, maman ?

Il était gentil, il faisait tout pour la faire rire. Elle s'est légèrement détendue.

— Allez, tous les deux, regardez-moi dans les yeux et dites-moi en face que même l'ordinateur et internet ne vous ont pas manqué ?

— Mais pas du tout ! s'est écrié mon frère. On n'y a pas pensé une seule fois, hein, Juliette ?

— Pas-une-seule-fois !

Ma mère a bu une petite gorgée de thé et elle a soupiré.

— C'est vrai que si, par certains côtés,

camper est compliqué… Par d'autres, c'est plus léger…

— Alors, on reste ? s'est exclamé Mathieu.

— Disons… qu'on se donne deux ou trois jours… on verra la météo…

Moi, je l'ai embrassée, Mathieu courait déjà sous l'auvent annoncer à Luc et Sabine la bonne nouvelle.

16

Avis de tempête !

Convaincre les parents, c'est une chose. Agir sur la météo, une autre.

— Ah ! On se souviendra de ces vacances… ronchonnait mon père.

Il avait semblé surpris à son retour que ma mère, revigorée, lui annonce :

— Je voudrais qu'on reste.

— Tu es sûre ?

— Je t'en prie, accepte ! On ne va pas se laisser abattre comme ça ?

À partir de ce moment-là, de peur qu'ils ne changent d'avis, on ne les a plus quittés d'une semelle. C'était la seule chose à faire mais je ne voyais presque plus Luc. Réquisitionné par son père pour aider les campeurs de plus en plus nombreux à être en difficulté, il ne venait que de temps en temps nous donner les derniers bulletins météo. Au début, il nous lançait de derrière la haie : « Pas d'amélioration… » ou « Vents force 7 à 8 à craindre » ou « Orages sur tout le front Ouest ». Le soir tombait quand il nous a crié son dernier message : « Avis de tempête ! »

Quand la grêle a commencé à tomber, j'ai un peu paniqué.

— Ce n'est pas vrai ! a dit maman.

Mais immédiatement, mes parents ont eu un immense fou rire !

— Très bien ! a crié mon père. Je déclenche le plan Orsec ! Mathieu, mets les duvets en hauteur ! Les filles, regroupez les affaires !

On riait. L'ambiance dans la tente était comme l'air, électrique.

Dans la tente Saint Tropez, on était comme dans un terrier. On avait chaud. Serrés les uns contre les autres, on a mangé du pain de mie et du jambon, on a bu du coca à même la bouteille. Avec le bruit du vent contre la toile, les piquets qui grinçaient et les grondements de tonnerre, il fallait crier pour s'entendre. C'était fatigant, on s'est endormis comme ça, sur les duvets avec les serviettes de plage en tas par-dessus.

Au matin, j'ai entendu appeler à l'extérieur. J'ai repoussé le pied de Mathieu qui avait atterri sur mon ventre et je me suis extirpée du nid.

Le ciel était terriblement sombre. Monsieur Léopold en ciré jaune comme un marin de chalutier arpentait les allées de son camping avec un mégaphone.

— Évacuation ! Évacuation du camping ! hurlait-il.

Mon père m'a rejointe sous ce qui restait de l'auvent et il a crié dans le vent :

— Jamais ! Nous, ici, on résiste !

Mais soudain, il s'est figé.

— Ju… Juliette… Regarde les voisins…

Leur tente, comment dire ça… dérivait comme un iceberg au milieu de l'allée de l'Océan. Toute la famille essayait de l'empêcher d'aller plus loin. Le voisin tirait comme un fou sur les filins.

— Un homme à la mer ! lui a crié mon père avec un sourire malin. Alors, camarade ? On se refait le *Titanic* ?

Mais il a quand même enfilé ses bottes pour aller l'aider.

J'allais retourner au chaud quand il m'a ordonné de courir au bureau d'accueil de monsieur Léopold.

— Va quand même vérifier cette histoire d'évacuation… Et reviens très vite !

Là, j'ai regretté de ne pas avoir emporté de bottes.

Devant le bureau, c'était la panique. Les campeurs, par familles entières, avaient suivi monsieur Léopold. Je me suis faufilée, il y avait tellement de monde que je n'arrivais pas à voir si Luc était là.

— Je suis désolé, on ne discute pas un ordre de la préfecture ! Évacuation, c'est évacuation ! était en train de rétorquer sèchement monsieur Léopold à un monsieur qui était venu lui poser la même question que moi.

— Mais non, il n'y a pas de blessés ! a-t-il dit à un autre. Il ne faut rien exagérer ! On évacue car certains arbres menacent de tomber, c'est tout !

Monsieur Léopold répondait à tous, dans l'affolement. C'est là que Luc est arrivé. Il a crié quelque chose très fort pour couvrir les voix des campeurs. Monsieur Léopold s'est tourné lentement vers son fils.

— Répète-moi ce que tu viens de dire !

— J'ai dit : Papa… Le toboggan aquatique vient de couler dans la piscine…

17

On part…

Ça n'a plus traîné. On s'y est tous mis. Sabine, maman et moi, on a enfourné tout ce qu'on pouvait en vrac dans le coffre de la voiture, pendant que papa et Mathieu enfournaient tout ce qu'ils pouvaient en vrac dans la remorque. La tente Saint Tropez faisait des histoires pour y entrer.

— Normalement, ça se plie, ces trucs-là, a fait remarquer Mathieu.

— Monte dans la remorque et tasse avec tes pieds ! a répliqué mon père.

— N'empêche que ça ne va pas être simple de faire sécher tout ça dans l'appartement…

— J'ai dit : tais-toi et tasse !

Sécher, c'était aussi l'obsession de ma mère. Elle avait mis pour chacun une serviette pas trop humide dans la voiture.

— Vous vous frotterez bien quand on aura fini le chargement, hein ? On ne va pas, en plus, partir avec une pneumonie…

— C'est vrai, ça… a renchéri Sabine. Déjà qu'on ne rentre pas très bronzés…

Je n'oublierai jamais ce moment-là. Sabine et ma mère soupirant sous la pluie battante pendant que mon père luttait avec un bout de toile orange et que Mathieu piétinait rageusement dans la remorque comme un vendangeur fou debout dans son pressoir.

Mais je ne pouvais pas partir comme ça.

Je les ai plantés là, et je suis allée retrouver Luc.

C'était bien la première fois que je voyais le complexe aquatique, enfin… ce qui en restait. Plein de gens, les vêtements, les cheveux trempés, tiraient sur des cordages, ils aidaient à sortir le toboggan géant de la piscine. Une fraction de seconde, j'ai regretté de ne pas l'avoir essayé avant, et j'ai reconnu Luc à côté de son père qui surveillait les opérations du haut d'un plongeoir.

— Allez-y doucement… Attention… Oh nooon !

Luc m'a vue, il a tout lâché et il est venu vers moi en courant. C'était bizarre, on était sous la pluie, je ne savais pas trop quoi dire.

— On part…

— Je sais…

Lui non plus n'était pas très à l'aise.

— Vous reviendrez ? Les vacances sont loin d'être finies ?

— Je ne sais pas, je n'ai pas osé demander, peut-être… Mais je crois que mes parents vont vouloir se reposer avant de repartir en vacances… si on repart…

Il a regardé ses bottes et moi, mes baskets.

— Dommage, hein ?

— Ouais.

— Peut-être l'année prochaine...

Il a souri avec son très beau sourire sous la pluie. J'aurais bien aimé crier : « L'année prochaine ? Un peu qu'on va revenir ! Et toutes les autres années d'après ! On se roulera par terre, on piquera des crises de nerfs, on fera du chantage à l'école s'il faut, mais on arrivera à convaincre nos parents, je te le promets ! Je te le jure ! » mais j'ai dit : « Euh... oui, j'espère ! » comme une pauvre idiote.

Au même moment, notre voiture se garait à côté de nous.

Mon père a baissé sa vitre, juste pour dire :

— Bonjour, Luc ! Pas trop de dégâts ? Allez monte, Juliette ! On te dit au revoir, Luc, on s'en va !

Puis, il s'est tourné vers les sièges arrière et il a crié :

— Non, non et non... c'est trempé, vous, vous ne descendez pas !

Trop tard. Sabine et Mathieu avaient déjà bondi hors de la voiture. Sabine a fait une bise à Luc et Mathieu lui a donné une bonne claque dans le dos. Et moi, comme une pauvre super idiote, je l'ai embrassé sur les deux joues.

Quand les pneus ont crissé comme à notre arrivée sur les graviers de l'allée principale, on n'était même pas fâchés après mon père, seulement un peu sonnés. Mathieu restait collé à la vitre arrière comme un poisson d'aquarium. Il a dit : « J'le vois plus ! » et il s'est laissé glisser sur son siège. Il a eu un geste mécanique pour boucler sa ceinture au moment où il y a eu un grand bruit sous la voiture. On venait de rouler sur la pancarte d'accueil du camping, tombée au milieu de l'allée. Regardant droit devant lui, mon frère a chuchoté : *« Le camping des Flots Bleus... Sa plage, ses équipements modernes, son complexe aquatique... »*

Je ne me souviens plus tellement du trajet. On a fait une pause ou deux. Ils parlaient mais il n'y avait pas vraiment de conversation. Sabine a parlé de crèmes auto-bronzantes, mon père a demandé à ma mère si, à son avis, ça se revendait facilement les remorques d'occasion, maman n'en savait rien mais elle avait hâte de prendre un bon bain chaud. Mathieu regrettait d'avoir prêté ses jeux de console à son copain Lucien.

— Je ne croyais pas en avoir besoin si tôt !

Moi, je regardais défiler le paysage. Je me rappelle que plus on s'approchait de Paris, plus le temps s'éclaircissait. Il y avait un soleil magnifique quand on est arrivés dans notre rue. On a trouvé une place juste devant notre immeuble et mon père a coupé le moteur.

Là, Sabine, Mathieu et moi, on s'est regardés vraiment pour la première fois depuis le départ et, comme dans les films policiers, on est sortis tous en même temps de la voiture. Les portières ont claqué, on s'est précipités dans le hall de l'immeuble.

— ...pourriez prendre un sac, quand même ! a protesté mon père.

L'appartement était tout sombre, on a foncé dans le petit bureau. Le temps de mise en route de l'ordinateur nous a paru interminable.

Vous avez quatre nouveaux messages.

De : CHARLES <charles.rey@icom.net>
À : <sabine-juliette@zoom.fr>
Envoyé : vendredi 10 - 10:14
Objet : Message reçu

Message reçu mais vous pourriez quand même prévenir quand vous partez !
Sans rancune non plus
Charles Rey

De : MIA <MiaHGV@lam.fr>
À : <sabine-juliette@zoom.fr>
Envoyé : vendredi 10 - 12:22
Objet : Merci !

Merci, les filles ! Même en vacances, on peut compter sur *Sabine et Juliette, Conseils* ! Je

ne vais pas choisir, je vais faire tout ce que vous me conseillez pour rater ce fichu camp de vacances. TOUT, comme ça, ça sera plus sûr. Je vais perdre mon billet de train ET ma carte d'identité ET mon carnet de santé. ET cacher les clefs de la voiture!!!
Mais j'aime autant pas insister pour aller chez ma grand-mère.
Je crois que je préfère encore escalader les volcans.
Merci encore.

Bises
Mia

PS : Vous avez bien mérité vos 5 euros.

De: CHARLES <charles.rey@icom.net>
À: <sabine-juliette@zoom.fr>

Envoyé : samedi 11 - 09:14
Objet : Autre message

Dites-moi quand vous serez revenues !
Charles Rey

De : LUC LEOPOLD <Lucleopold@zoom.fr>
À : <sabine-juliette@zoom.fr>
Envoyé : dimanche 14 - 12:22
Objet : Pour Mathieu, Sabine et Juliette

Bonjour à tous,
En ce moment, mon père fait le bilan des dégâts dans le camping, j’ai pu approcher sans trop de problèmes de l’ordinateur. Il faut que je me dépêche, il m’attend pour l’aider. Il dit qu’on va rester fermé au moins une semaine. C’est

la pagaille, il va y avoir beaucoup de travail mais, tant mieux, il faut que je m'occupe. En partant, plein de «clients», comme dit Mathieu, m'ont demandé votre adresse mail (Léa, Gabrielle, Baptiste, Medhi et Mathilde Garnier). Ils voulaient savoir si vous donnez aussi des conseils par internet. J'ai dit oui au hasard, attendez-vous à des messages !
Bon ! Il faut que j'y aille. Depuis que vous êtes partis, le camping des Flots Bleus, c'est comme la mer sans vague, c'est comme la pinède sans arbre, comme la plage sans sable, c'est presque comme la piscine sans toboggan !
Vous me manquez déjà !
Luc

— *Comme la mer sans vague...* Quel poète, ce Luc ! a rigolé mon frère.

— C'qu'il est sympa ! a dit Sabine.

Moi, je n'ai rien ajouté, je relisais le dernier message :

De : LUC LEOPOLD
<Lucleopold@zoom.fr>
À : <sabine-juliette@zoom.fr>
Envoyé : dimanche 14 - 12:24
Objet : Pour Juliette

Écris-moi.

Quelques mois plus tôt...

18

Pff...

— Misère... En voilà d'autres ! Oooh, Juliette, j'espère qu'ils ne vont pas nous mettre en retard pour la cantine...

— Tu n'es qu'un ventre à pattes... Les affaires sont les affaires !

Moi aussi, j'avais faim ce jour-là, mais depuis que Sabine et moi avions créé notre petite entreprise de Conseils, avec un succès certain, je n'ai pas honte de le dire, il ne se passait pas une récréation sans que quelqu'un vienne nous demander de l'aide. Quel que soit le problème de notre client, qu'il ait besoin d'un relooking, d'un conseil pour arranger la situation avec sa famille, ses amis ou l'un de ses professeurs, nous avions toujours LA solution, absolument toujours, ou presque.

Le groupe s'approchait à grands pas.

— Pff… C'est le jour des frites ! s'est lamentée Sabine. Tu les connais, toi ?

Je les avais déjà croisés dans les couloirs du collège, mais j'aurais été incapable de les nommer.

— Baptiste Millot ! s'est présenté le premier.

— Juliette...

Grand comme il était, il n'aurait pas dû porter ce petit blouson étriqué. Ça donnait l'impression que ses bras continuaient de pousser.

— Sabine et Juliette, on sait qui vous êtes ! a lancé la brune qui lui arrivait à l'épaule. Moi, je suis Charlotte ! Voici Marie et Robin…

Ce n'était pas banal. Je n'irai pas jusqu'à dire que nos clients normaux rasaient les murs en venant nous consulter, mais ils faisaient toujours en sorte d'être discrets.

Beaucoup préféraient d'ailleurs nous envoyer un message sur notre e-mail (on ne donnait jamais nos numéros de portable) pour obtenir un rendez-vous aux heures creuses du CDI. La plupart de nos clients venaient seul, au pire à deux. Celui qui a besoin d'un relooking, qui se sent moche, trop petit ou trop gros, se déplace rarement pour demander de l'aide avec une armée de supporters.

— On a vu votre site internet, *sabine. juliette.com*... a enchaîné Baptiste. Il est bien, ça fait... Comment dire ? C'est quand même plus classe qu'un blog !

— Évidemment mais c'est plus dur à faire, ai-je répondu assez fièrement.

— En fait, m'a interrompue Charlotte, vos conseils sur les fringues, les coupes de cheveux et tout le reste, moi, je m'en fiche complètement, mais...

— Mais... tu ne devrais peut-être pas !

J'allais lui expliquer pourquoi un relooking ne lui aurait pas fait de mal quand Sabine leur a demandé :

— Qu'est-ce que l'on peut faire pour vous ? Si vous alliez droit au but ? Je ne vais pas rater les frites pour écouter vos critiques ?

J'adore mon associée.

D'une traite, Charlotte a déballé l'affaire.

Ces quatre-là n'étaient rien de moins que les membres du Club des journalistes, celui-là même qui réalisait l'excellent journal du collège, qui en écrivait les passionnants articles, les mettait si bien en page, les photocopiait habilement et les distribuait avec enthousiasme…

— Rien que ça ? ai-je demandé.

Je ne pouvais pas m'empêcher de sourire, ce n'est pas tous les jours que je rencontre quelqu'un d'aussi modeste que moi. Charlotte n'a pas saisi l'ironie et m'a répondu en bombant le torse :

— Oui ! C'est nous qui faisons *Le Petit Tchacheur* ! Il paraît tous les quinze jours… sur deux pages… Recto et verso !

— On le connaît, a dit Sabine. On a même fait passer une annonce une fois… Bon !

Vous faites *Le Petit Tchacheur*… Et alors ?

Baptiste Millot s'est avancé, l'air un peu moins content de lui que Charlotte, ce qui n'était pas très difficile.

— On a l'impression que notre journal n'intéresse pas tellement les élèves, a-t-il reconnu. On a pourtant essayé de le rendre plus gai. On a mis des mots croisés, des blagues très amusantes mais quand on le distribue, on voit bien que les élèves le fourrent au fond de leur cartable. Je suis sûr qu'ils ne le lisent pas tous ! Hein, Marie ?

— C'est vrai… a acquiescé doucement la blonde qui n'avait encore rien dit.

Elle entortillait sans cesse une courte mèche de ses cheveux autour de son index et gardait la tête baissée entre ses épaules arrondies. Si on ne faisait pas affaire avec les journalistes, j'avais certainement là une cliente facile à convaincre pour quelques séances de « confiance en soi ».

— C'est vrai, a repris Marie. Il y a même des élèves qui refusent notre journal, pourtant… c'est gratuit ! Alors, on se demandait… comme vous donnez des conseils… Vous pourriez peut-être nous aider à leur donner envie de le lire ?

À la seconde où j'ai vu sa petite mine triste et le sourire de Sabine, j'ai su que *Sabine et Juliette, Juliette et Sabine, Conseils*, avaient déjà accepté de les aider. J'adore mon associée comme je l'ai déjà dit mais, même un jour de frites, Sabine ne sait pas refuser les clients attendrissants.

Nous les avons suivis jusqu'à leur local.

— On n'a jamais fait ça. Ça risque d'être plus difficile à réussir que d'habitude, m'a chuchoté Sabine. Mais c'est super excitant !

Je me suis contentée d'un signe de tête discret, les journalistes nous précédaient de quelques pas dans le couloir.

— On y est ! a dit Robin. C'est au fond.

— On a une salle rien qu'à nous ! a lancé fièrement Charlotte. La 102 ! C'est le Principal qui nous l'a attribuée, il aime beaucoup notre travail. Regardez la porte, j'ai mis une pancarte !

Charlotte n'avait rien, absolument rien d'attendrissant.

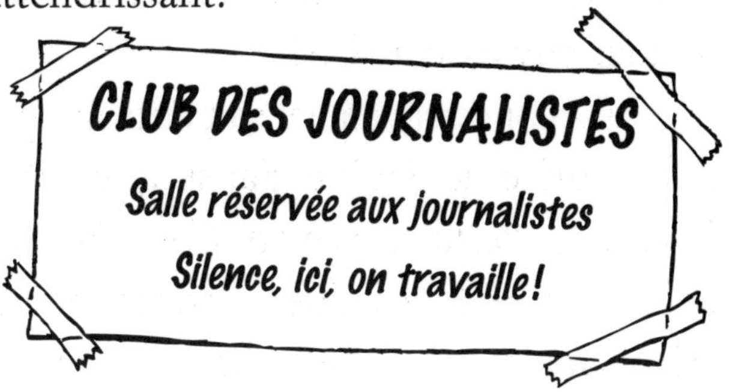

Même au marqueur sur une feuille scotchée de travers, j'ai pensé que ça faisait assez prétentieux. Après une demi-heure à observer les anciens numéros du *Petit Tchacheur*, je trouvais ça fabuleusement prétentieux ! Étalées sur une table beige, sous les néons de la salle 102, les pages photocopiées n'étaient vraiment pas jolies à voir.

— Soyons clairs, qu'est-ce qu'il y a dans votre journal ?

C'est à peu près comme ça que Sabine a posé la question au groupe qui nous fixait en attendant le verdict.

Ils ont échangé des regards étonnés.

— Je répète, a dit Sabine. Qu'est-ce qu'il y a dans votre journal ?

C'est moi qui ai dû répondre :

— RIEN ! Il n'y a absolument RIEN !

— Exact ! a confirmé Sabine. Vu comme ça, encore heureux qu'il soit gratuit !

— C'est facile de dénigrer sans rien proposer ! a protesté Charlotte.

Elle n'avait pas l'air de comprendre qu'on essayait de les aider.

— Ne te fâche pas ! a continué mon amie. C'est pour vous que je dis ça ! Non mais, regardez-moi ce travail ! Rien que le titre, c'est à pleurer ! *Le Petit Tchacheur* ! D'où sortez-vous une idée pareille ?

— Ben... Il s'appelait déjà comme ça avant qu'on arrive... a expliqué Baptiste.

— Tu parles d'une raison ! Et le reste est pire ! Trois bouts d'articles, ai-je repris, collés les uns aux autres, sur des sujets qui n'intéressent personne. Pas de couleurs ! Et quels scoops ! Que de l'international ! Que du people ! Écoutez ça ! *Une nouvelle encyclopédie au CDI... Monsieur le Principal annonce l'installation prochaine d'une cabine téléphonique dans le hall...* Aaah ! Il y a de quoi faire vibrer les lecteurs ! Et ça ? En gros titre, en plus ! *Classe de neige des sixièmes A à Tignes…*

— Ben ? Il était bien celui-là, s'est étonné Baptiste. Il y avait même des photos ! Qu'est-ce que vous lui reprochez ?

Sabine a failli s'étrangler.

— Qu'est-ce qu'on lui reproche ? Mais cet article intéresse qui à part les sixièmes A ? Ils ont vu le Yéti à Tignes, vos sixièmes ? Leur téléphérique s'est décroché ? Leur chalet a brûlé ? Y'en a un qui s'est noyé dans la fondue ?

Sous l'avalanche de questions, Baptiste restait interdit.

— Non ! Bien sûr que non ! a dit Sabine. Alors ça n'a rien à faire dans un journal ! Point final !

Marie et Robin ont eu un murmure d'admiration mais Charlotte n'était pas prête à se rendre aussi facilement.

— Autant vous le dire tout de suite, on ne voulait pas tous vous demander de l'aide ! a-t-elle grincé en relevant le menton. Si vous ne faites que critiquer, on ne vous retient pas, et bonjour chez vous !

Puis, elle s'est brusquement levée. Elle poussait déjà Sabine vers la porte quand Baptiste est intervenu :

— Attends, attends…. Elles n'ont pas tout à fait tort…

— On pourrait peut-être les écouter jusqu'au bout ? a proposé la petite Marie.

Baptiste me regardait comme si j'étais la chef ; ce n'était pas désagréable même si cela n'est pas du tout le cas.

— O.K., ai-je tranché. Sauf qu'on ne travaillera sur votre journal que si vous êtes d'accord entre vous. Sabine va vous donner notre carte, réfléchissez et laissez-nous un message !

19

Popote !

Ça n'a pas traîné. Le soir même, j'ai trouvé leur message au milieu des autres, bien clair, bien net sur l'écran de mon ordinateur. Enfin… pour être plus précise, sur l'ordinateur de mes parents. Ils savent dix fois moins bien s'en servir que moi, cent mille fois moins bien que mon petit frère Mathieu, mais il est à eux, comme ils savent si bien nous le rappeler. « À eux », comme la télévision, le lecteur de DVD, la chaîne... et j'en oublie sûrement.

À nous ou pas, les messages étaient bien là :

De: CHARLES <charles.rey@icom.net>
À: <sabine-juliette@zoom.fr>
Envoyé: mardi 23 - 17:36
Objet: C'est moi!

Coucou! J'espère que vous allez bien? Moi, ça va. Votre site est super mais j'ai rien de spécial à dire. En fait, je voulais juste essayer mon nouvel e-mail. Merci de me dire si ça marche.
Charles Rey

De: CLUB DES JOURNALISTES
<baptiste.millot@zoom.fr>
À: <sabine-juliette@zoom.fr>
Envoyé: mardi 23 - 18:22
Objet: On vous écoutera

Avons réfléchi. Merci de venir nous aider à changer le Petit Tchacheur. On vous écoutera. Tous.

De : CARINE <c.ramier@net.fr>
À : <sabine-juliette@zoom.fr>
Envoyé : mardi 23 - 19:01
Objet : Désolée !

Désolée, je n'ai pas pu venir à notre rendez-vous au CDI. Est-ce que je peux vous voir demain à la même heure, j'ai perm ?
Je suis vraiment désolée.
Carine Ramier

Désolée, Carine Ramier pouvait l'être ! Nous avions perdu plus d'une heure à l'attendre. Je n'arrivais pas à me décider entre répondre « Ça va pas la tête ? » et « D'accord mais il y aura un supplément ! » quand mon frère Mathieu est venu me dire que c'était mon tour de mettre la table.

— Je sais mais là, ça tombe mal… J'ai du boulot. Regarde ! Je dois répondre aux messages de tous ces clients !

Mon frère Mathieu, en tant que premier et seul employé de *Sabine et Juliette, Conseils*, responsable-informatique, responsable-comptabilité et responsable-paperasse, aurait pu faire un effort. Je ne sais pas, moi, dire :

— Ne t'inquiète pas, Juliette, je comprends très bien… Finis ton travail, c'est vraiment plus important, je te remplace…

Mais non, il a dit :

— Grouille-toi ! Et ne t'imagine surtout pas que je vais te remplacer !

J'ai donc répondu assez vite à nos clients :

De : SABINE et JULIETTE <sabine-juliette@zoom.fr>
À : <charles.rey@icom.net>
Envoyé : mardi 23 - 19:16
Objet : Re-C'est moi !
Contente que notre site te plaise. Oui, ton e-mail marche mais sois gentil de pas trop encombrer quand tu n'as rien à dire, on a quand

même du boulot. C'est sympa de donner de tes nouvelles, surtout qu'on se voit seulement dix fois par jour au collège, à demain !

Juliette pour *Sabine et Juliette, Conseils*

De : SABINE et JULIETTE <sabine-juliette@zoom.fr>
À : <c.ramier@net.fr>
Envoyé : mardi 23 - 19:17
Objet : Dernière chance !

On t'a attendue au moins une heure ! D'accord pour demain. Dernière chance ! N'oublie pas ton papier à lettres et prévois un supplément (un gros).

Juliette pour *Sabine et Juliette, Conseils*

De : SABINE et JULIETTE <sabine-juliette@zoom.fr>
À : CLUB DES JOURNALISTES <baptiste.millot@zoom.fr>
Envoyé : mardi 23 - 19:18
Objet : OK !
OK. À midi, salle 102.

Juliette pour *Sabine et Juliette, Conseils*

En rejoignant ma famille dans la cuisine, j'ai quand même eu droit à une réflexion.

— Tu es pénible à la fin, a ronchonné mon frère en touillant dans une poêle avec énergie. Mon omelette va être trop cuite !

— Mais non, mon chéri ! s'est exclamée maman. Elle va être délicieuse, comme toujours…

Mathieu a rosi. Parfois, je me demande pourquoi il aime autant faire la cuisine. Probablement « par plaisir » et sûrement

« pour se faire bien voir ». Cuisiner est un conseil que je donne à beaucoup de nos clients-garçons, d'ailleurs. Surtout quand ils nous consultent pour problèmes familiaux. Oui ! On l'a recommandé au moins quatre ou cinq fois. À Gabriel Lériot, par exemple, un troisième qui est venu nous voir, il y a quelque temps. Il n'en pouvait plus, le pauvre, coincé entre ses trois sœurs.

— Y'en a que pour elles, se plaignait Gabriel. Tous les soirs, et surtout pendant les repas ! Et patati et patata ! Ça jacasse et ça jacasse !

En tant que fille, je lui aurais bien répondu que si ses sœurs parlaient autant, c'était peut-être qu'elles, au moins, avaient des choses intéressantes à dire, mais cela n'aurait pas été très professionnel. J'ai vu dans ses yeux que Sabine pensait comme moi.

Et j'ai proposé à Gabriel :

— Tu pourrais faire en sorte d'attirer leur attention !

— Comment ça ?

— Réfléchis ! Qu'est-ce que vous faites à table ?

— Euh… elles parlent…

— Oui, ça, on a compris ! s'est impatientée Sabine. Mais vous mangez aussi, non ?

— Euh… Oui !

— Ben voilà ! Comme il t'est impossible d'en placer une, attaque avec la nourriture ! lui ai-je conseillé. Apprends à cuisiner ! Nous, les filles, on n'a pas cette chance, mais, dès qu'un garçon sait faire cuire un steak sans ficher le feu à la cuisine, tout le monde crie au génie ! Crois-moi, essaie !

Mon frère Mathieu s'était très vite proposé pour lui organiser un stage, *Cuisine italienne : sauce bolonaise, râpage de parmesan et pizza quatre-saisons*. Il avait un peu abusé en demandant une prime exceptionnelle, mais Gabriel était content, même à 25 euros pour un seul mercredi après-midi dans notre cuisine. Le dîner suivant, à défaut de faire taire ses sœurs, il avait impressionné ses parents.

Ce soir-là, mes parents aussi étaient impressionnés.

— Mathieu ! Quelle bonne idée d'avoir ajouté de la ciboulette ! s'est écrié mon père.

— Elle est encore meilleure que celle aux champignons ! a renchéri maman. Tu ne trouves pas, Juliette ?

— Oh si ! Formidable ! Elle colle moins au palais !

— Juliette !

— Laissez-la dire… a continué mon frère. Tant que vous, vous la trouvez bonne…

Je lui ai chuchoté :

— Il n'empêche que pendant que ton Altesse faisait la popote, Sabine et moi, on a dégotté un gros client ! Oui, monsieur !

— Raconte…

— Je ne voudrais pas interrompre ta dégustation…

— C'est fini, les messes basses ? Nous sommes à table ! a dit mon père.

J'ai fini mon omelette, j'ai fait quelques sourires avant de reprendre à l'oreille de Mathieu :

— On va relooker un journal !

— Mais vous n'y connaissez rien ?

— Qu'est-ce que ça peut faire ? C'est un journal pour jeunes, nos clients veulent qu'il soit moderne ? On n'est pas jeunes et modernes, nous ? On ne sait pas ce qu'on a envie de lire peut-être ?

— Alors, Juliette ? m'a interrompue papa. Ça se passe bien au collège ?

J'ai dit que oui, oh, oui, mais, comme d'habitude, il a insisté :

— On ne voit pas beaucoup tes notes en ce moment ?

J'ai cherché de l'aide du côté de mon frère, monsieur entamait son deuxième yaourt. À chaque bouchée, il léchait sa cuillère avec application. Je l'ai réveillé d'un pincement sous la table.

— Aïe ! Euh… Je vous ai dit que la maîtresse voulait nous emmener visiter le château de Versailles ?

— Encore ? s'est écrié papa.

— Encore ! a enchaîné Mathieu. J'y suis allé avec Mamie Hélène, avec Tante Lucie, en CP, en CE2 et l'année dernière avec madame Roland. Je connais le château comme ma poche. J'ai l'impression d'etre la réincarnation de Louis XIV, moi ! Ils peuvent me lâcher n'importe où dans le parc, je ne risque pas de me perdre !

Et Mathieu l'a prouvé en racontant pendant toute la fin du repas sa dernière visite de façon très, très, très détaillée. Ce n'était pas particulièrement passionnant mais l'objectif était atteint : papa ne pensait plus à mes notes. Parfois, je me demande comment s'en sortent les enfants uniques.

Mathieu décrivait encore le potager du Roi, « Les petits pois surtout sont extraordinaires ! », quand mes parents se sont brusquement levés de table.

— Si nous regardions les informations ? a suggéré papa qui commençait à ne plus supporter les descriptions potagères de Mathieu.

— Oh, volontiers ! a dit maman.

Mathieu m'a souri et il m'a suivie dans la cuisine. Il a posé sa pile d'assiettes en équilibre au bord du lave-vaisselle et m'a tout de suite demandé :

— Alors ? Tu as vu ? Ils en ont oublié tes notes ! Cela dit, j'aimerais bien que tu évites de me pincer…

— Je ne voulais pas te faire mal mais ça devenait lourd sur le collège. Et toi qui léchouillais ta cuillère comme si de rien n'était ! Excuse-moi mais on était d'accord. Quand le terrain devient glissant pour l'un, l'autre dégage en touche !

— Et si tu me parlais enfin de ce gros client ?

Quelques minutes plus tard, dans ma chambre, Mathieu observait, en le tenant à bout de bras, un exemplaire du *Petit Tchacheur*.

— C'est ça que tu appelles un gros client ? a-t-il dit, dépité. Je croyais que c'était un vrai magazine… Je ne sais pas, moi… un de ceux qu'on trouve chez le marchand de journaux !

— Justement ! C'est notre but de le transformer en vrai journal ! ai-je un peu exagéré. S'il était déjà connu, ça serait trop facile…

C'est super excitant, non ? Sabine aussi est enthousiaste.

— Je n'y crois pas trop mais ce n'est pas moi qui décide. Je ne vois vraiment pas comment vous réussirez à faire atterrir ça chez un marchand de journaux. Vous avez intérêt à écrire des choses passionnantes ! a-t-il ajouté en quittant ma chambre.

Mon frère m'a gonflé le moral ! Pas-sion-nan-tes ! Il ne pouvait pas mieux dire. Passionnantes, c'était tout à fait Sabine et moi, ça !

20

Filles de rêve

À midi pile, le lendemain, ma copine et moi étions devant le tableau blanc de la salle 102. Le Club des journalistes, assis en ligne sur la table, attendait en silence. La première, Sabine a dégainé son marqueur.

- Comprendre ce qui intéresse vraiment les lecteurs.
- Nommer deux rédactrices en chef.
- Trouver un nom potable au journal.

« Cloc ! » a fait le marqueur qu'elle a fermé d'un coup sec.

Elle ne leur a pas laissé le temps de faire des commentaires.

— Juliette et moi, on n'aime pas les choses qui traînent, aussi, en venant ce matin au collège, on est passées chez le marchand de journaux. Juliette ?

J'ai vidé le contenu de mon sac. Les magazines ont glissé en strates sur la table, ça m'a rappelé un cours de géographie sur la tectonique des plaques. Ziouuu… en avalanche… *Cool magazine, Filles de rêve, Mademoiselle, OK Stars…*

— Bien sûr, il faudra compter ça dans nos frais ! ai-je précisé. On n'a pas mégoté. On a dit comme ça au marchand de journaux : « Donnez-nous tout ce que les gens de notre âge aiment lire ! Tout ce qui se vend bien, quoi ! Nous faisons une étude sur la presse pour jeunes… »

Bien sûr, je ne leur ai pas raconté que le marchand s'était mis à ricaner.

— Hé ! Hé ! Elle est bonne celle-là ! Vous savez, les filles, vous achetez tout ce que vous voulez… Vous n'avez pas besoin de trouver des excuses, je ne suis pas votre père, moi !

Immédiatement, les journalistes du Club des journalistes se sont rués dessus, sauf la petite Marie. Elle restait en retrait, l'air gêné.

— Ma mère m'a défendu de lire ça ! a-t-elle expliqué.

— Taratata ! a rétorqué Sabine en lui déposant deux magazines dans les bras. Qui parle de les lire ? Nous, on les étudie… nuance ! Regarde-moi ? J'ai une tête à m'intéresser à ces… à ces lectures-là ? Non ! Bien sûr que non ! C'est strictement pro-fes-sion-nel !

J'ai rapidement compris que le journalisme, c'est un travail d'équipe. J'ai tout de suite veillé à distribuer un rôle à chacun, un rôle à sa mesure.

— Baptiste, tu fais la liste des rubriques : horoscope, infos-people, courrier du cœur, interviews de stars, etc. Marie, tu nous écris en gros les titres des magazines sur le tableau… Robin, tu feuillettes rapidement et tu marques les pages qui t'amusent…

Charlotte, tu devrais aller nous chercher des sandwiches, c'est sûr qu'on va rater la cantine…

Charlotte a un peu traîné des pieds mais dans l'ensemble, tout se passait bien, surtout au début.

Prenant des notes, concentrés, ils travaillaient sérieusement. Sabine et moi, on passait de l'un à l'autre. Finalement, ça ressemblait pas mal à une salle de classe, en plus calme, évidemment.

Soudain, Sabine a pris *Filles de rêve* dans la pile devant Baptiste.

— Je te le rends ! Je veux seulement vérifier un truc…

Puis, elle s'est mise à l'écart pour « vérifier le truc », sûrement l'interview exclusive de Johnny Depp : *Johnny nous dit tout*, qu'annonçait la couverture. Dans un coin de la salle 102, elle a arraché deux pages et elle les a glissées dans sa poche avant de revenir, l'air de rien, reposer *Filles de rêve*.

— Tu as trouvé quelque chose d'intéressant pour *Le Petit Tchacheur* ? lui a demandé Baptiste.

— Peut-être… Peut-être… a répondu Sabine.

Donc, ils travaillaient et, nous, on les encourageait.

Je tapotais une épaule par-ci, Sabine corrigeait une faute par-là. De temps en temps, on disait « Ça va ? », ou « C'est bien… Continuez… », ou « Est-ce que ça avance ? ». Nos journalistes s'affairaient. Sabine et moi, on s'est finalement assises sur une table, ma copine m'a regardée d'un air satisfait. Soudain, du côté des filles, il y a eu quelques chuchotements.

— Tssst… Charlotte… a sifflé Marie. Regarde, c'est une chanson de Pritney Bears ! Avec les paroles et tout… C'est dommage, il n'y a pas la traduction.

— Fais voir… Ah ouais, jc connais ! *Ooh hey, yeah, yeah ! Here I go… Here I go…*

— Chut ! a protesté Robin. Je ne m'entends plus réfléchir !

Les filles ont pouffé et elles ont rapproché leurs chaises pour lire plus facilement le même magazine. À partir de ce moment-là, l'équipe s'est ramollie peu à peu. Ils ont cessé de prendre des notes et on a même carrément arrêté de travailler quand Baptiste a lancé :

— Il y a un test ! *Es-tu un(e) grand(e) séducteur (trice) ?* Qui s'y colle ?

— Moi ! Moi ! Je vais faire un carton ! s'est exclamé Robin.

— Approche, le séducteur ! lui a répondu Baptiste en prenant un stylo bille. Attention... question numéro un...

Il n'avait plus son air réservé et l'ambiance de la salle 102 plus grand-chose à voir avec celle du premier rendez-vous. On a quasiment fini sur la table, au milieu des magazines. Charlotte et Marie chantaient à tue-tête « *Yeah... Yeah... Here I go...* » ; Sabine et moi, on comparait nos horoscopes :

BÉLIER

Fille : Si tu as un amoureux, sois gaie et agréable, il t'appréciera davantage ! Sinon fais comme tu veux.

Garçon : Attention à ta santé ! Si tu te couches tard et que tu manges n'importe quoi, tu ne seras pas en forme.

TAUREAU

Fille : Méfie-toi de ceux qui te veulent du mal !

Garçon : Arrête de te comporter comme un enfant gâté, ça énerve tout le monde ! Si ce n'est pas ton cas, c'est bien. Continue !

C'était d'un tarte ! Encore heureux, je n'avais pas de petit copain. *Sois gaie et agréable, il t'appréciera davantage...* Et puis quoi, encore ? Il faudrait peut-être aussi que je lui range sa chambre ? Sabine ne m'écoutait pas protester, elle réfléchissait. Elle avait beau se creuser la tête, elle ne se voyait pas d'ennemi.

Quand la sonnerie a retenti, après deux ou trois recomptages, Baptiste donnait enfin à Robin ses résultats au test.

— Je suis désolé… Il n'y a pas d'erreur possible, tu n'as que deux points…

— Comment ça, deux points ? Fais voir ! s'est exclamé Robin en lui arrachant le magazine des mains. Deux points ? Deux points sur quinze ? Les rats ! Et qu'est-ce que ça donne, deux points ? C'est où ? Ah ! Page 32… Voilà ! Résultats, pour les garçons, de 0 à 5 points… *Tu n'es pas ce qu'on appelle un Don juan… Dans les booms, tu vas plutôt de chaise en chaise que de fille en fille ! Qu'est-ce qui cloche chez toi ? À ce point-là, ça ne peut pas être que ton physique…*

On a rangé en vitesse les magazines et on est sortis en courant.

— Allez-y ! nous a lancé Robin. Je recompte et je vous rattrape !

En gagnant nos classes respectives, nous avons dressé un rapide bilan de cette première séance de travail.

— C'était sympa, non ? m'a dit Sabine.

— Super, mais il ne faudrait pas qu'on s'amuse trop. On a à peine eu le temps de s'occuper de ce qui intéresse vraiment les lecteurs !

Le temps ! C'est toujours ce qui nous manque, et ce jour-là, comme les autres. Entre nos cours, le rendez-vous avec Carine Ramier prévu à quinze heures vingt au CDI, on devait jongler avec les horaires. Quand je pense que mon père se plaint alors qu'il a le droit de travailler à son bureau jusqu'à des neuf heures, dix heures le soir, et même certains week-ends s'il en a envie.

Moi, en première heure, j'avais Sciences et Vie de la terre, et donc madame Billet. Ça me posait un problème pour réfléchir tranquillement au cas Carine Ramier.

Madame Billet m'avait à l'œil, on peut dire ça comme ça. Dès que quelqu'un gloussait, dès qu'un livre ou un stylo tombait, elle me regardait d'un air soupçonneux. Elle m'en voulait depuis le jour où j'avais refusé de disséquer une malheureuse grenouille.

— C'est au programme ! » s'était énervée madame Billet.

C'était peut-être au programme mais ma grenouille s'en fichait. Elle me fixait avec ses petits yeux globuleux, elle me faisait pitié. Un coup de folie m'a pris, je me suis enfuie avec ma grenouille et je l'ai libérée dans un jardin public. Ça m'avait valu un mot aux parents et deux heures de colle mais je n'ai pas regretté.

— Madame Billet ne va pas te louper au conseil de classe ! Et le pire, c'est qu'elle est prof principale ! m'avait promis Sophie-Charlotte Duchaussoy, notre déléguée de classe.

Sophie-Charlotte avait raison, madame Billet ne m'avait pas loupée.

À la sortie du conseil, notre déléguée m'avait confirmé la sentence :

— Ton bulletin ne va pas être terrible. Je n'ai pas tout noté mais madame Billet a dit : « Élève d'une sensiblerie ridicule » !

J'attendais depuis avec un peu de stress qu'arrive à la maison l'enveloppe avec le sigle très reconnaissable du collège.

Bref, ce jour-là, en première heure, je me suis quand même cachée derrière mon livre pour réfléchir au cas Carine Ramier.

Je n'aimais pas tellement cette fille, Carine Ramier.

Je sais bien que les clients ne sont pas forcément des copains, mais elle avait quelque chose de froid, de calculateur. Elle ne s'en cachait pas, d'ailleurs. La première fois qu'elle était venue nous consulter, à la question traditionnelle de Sabine : « Qu'est-ce qu'on peut faire pour toi ? », elle avait directement annoncé la couleur :

— Mon anniversaire approche ; mes fonds sont à sec ; j'aimerais que vous m'aidiez à écrire une lettre très gentille à ma grand-mère.

— Une lettre rentable, tu veux dire ? avait demandé Sabine en me faisant un clin d'œil.

— C'est ça ! Rentable, le plus rentable possible ! Vous comprenez tout de suite, vous !

On lui avait demandé de nous laisser seules un moment et Sabine et moi avions eu une discussion importante pour notre entreprise.

— Est-ce qu'on peut accepter n'importe quel client ? s'interrogeait ma copine. Parce que cette Carine veut, il faut être clair, qu'on l'aide à plumer une vieille dame !

— C'est vrai que, sur le fond, c'est assez moche, mais si on commence à se poser des questions sur l'honnêteté de la clientèle… On risque de ne pas crouler sous le travail.

— Peut-être, peut-être… Mais où doit-on s'arrêter ? Ça commence comme ça, on accepte une Carine Ramier comme cliente, et, de fil en aiguille, on finit par aider des gens vraiment atroces, je ne sais pas, des criminels, des kidnappeurs… des…

J'ai regardé Sabine bien dans les yeux.

— Eh ! Oh ! Ne t'emballe pas ! Là, elle ne veut pas enlever sa grand-mère, elle veut juste l'alléger d'un ou deux billets pour son anniversaire… Un petit billet, ce n'est pas encore une rançon…

Sabine a souri. Elle a quand même mis une condition avant d'accepter d'aider Carine Ramier.

— Laisse-moi d'abord lui poser une ou deux questions sur sa grand-mère. Si elle est trop sympa, on refuse Carine.

Je ne pouvais pas m'y opposer, je suis allée chercher notre cliente dans le couloir et nous avons rejoint Sabine dans notre coin à nous, près des dictionnaires.

— Assieds-toi ! lui a dit ma copine. Juste une chose à éclaircir… Elle est comment… ta grand-mère ?

Carine a eu l'air surprise.

— Ben… Pas toute jeune…

— Je m'en doute, mais … avec toi ? Elle est comment ? Elle est gentille ? Elle est marrante ?

— Mamy ? Marrante… pas vraiment ! C'est plutôt : « Moi quand j'étais petite, les enfants ne parlaient pas à table ! », « Moi quand j'étais petite, on avait du respect pour les adultes ! »... Vous voyez ce que je veux dire ?

On voyait.

Très bien.

Carine a eu un rire amer.

— Vous me faites rigoler avec vos questions ! Vous croyez que toutes les grand-mères font des confitures ou quoi ? Vous regardez trop les pubs. J'imagine bien la mienne en train de touiller le sucre dans une casserole, tiens ! Elle est toujours au régime basses calories ou en cure de thalassothérapie. Vous êtes déçues ? Vous croyiez peut-être qu'elle m'emmenait en vacances à la campagne pour que j'aie les joues roses ?

— Ça va... Ça va... C'est d'accord, a conclu Sabine. On va t'aider !

Je repensais à tout ça en Sciences et Vie de la terre. Après un long monologue où j'avais entendu les stylos gratter à toute vitesse, madame Billet finissait de rater une expérience bizarre où il était question d'oxygène, ou peut-être d'hydrogène, je ne sais plus exactement. J'ai regardé ma montre : encore une bonne demi-heure, avant de retrouver Sabine et Carine.

21

Carine

— Tu nous as apporté ton brouillon de lettre ? a demandé Sabine dès que Carine Ramier nous a rejointes au CDI.

Elle a ouvert son sac et elle en a sorti une chemise cartonnée, une verte toute neuve. Elle n'était peut-être pas sympathique mais elle était très bien organisée.

— Voilà… a dit notre cliente sans enthousiasme.

Elle a pris une feuille dans la chemise et elle a fait claquer l'élastique.

— J'ai fait ce que j'ai pu. Je sens que cette lettre n'est pas parfaite, mais les idées principales y sont. Et puis… je suis assez contente de la fin !

Elle nous l'a lue en prenant bien son temps.

Bonjour Mamy !

Je vais très bien. Je travaille très bien. Papa et Maman sont contents de moi, ils m'ont demandé : « Qu'est-ce que tu veux pour ton anniversaire ? Comme tu as très bien travaillé tu peux choisir ce que tu veux ! »
Je leur ai dit que cette année, je préfère de l'argent, je ne suis plus un bébé vu que je vais avoir 13 ans, le 26 (dans trois jours).

Ta petite fille qui t'aime et te chérit !

Ta Carine

Elle a relu :

— *Ta petite fille qui t'aime et te chérit...* Pourquoi vous me regardez comme ça ? Ça ne vous plaît pas ?

— Oh, si ! me suis-je écriée. C'est tout en finesse !

— De la dentelle ! a pouffé Sabine. Ta grand-mère ne va pas comprendre du tout pourquoi tu lui écris, aucune chance qu'elle se dise que ce n'est rien que pour avoir quelques beaux billets !

Carine n'a pas apprécié qu'on rie autant, mais on ne pouvait pas s'en empêcher.

— Je vous écoute, alors ! a-t-elle grogné. Si c'est nul... corrigez !

Sabine a toussé pour reprendre son sérieux.

— Commençons par le début... *Je vais très bien...* Ça ne va pas du tout. Tu dois d'abord lui demander de ses nouvelles. Ensuite, tu parles un peu de la pluie et du beau temps et hop ! là, seulement, tu évoques en douceur ton anniversaire !

— En douceur... ai-je insisté.

On a laissé Carine griffonner un moment mais elle n'était vraiment pas douée. J'ai regardé ma montre, c'était déjà presque la fin de la récréation.

— OK ! On va te la faire, cette lettre !

Tchac ! Tchac ! Sabine et moi, on a vite expédié le travail. Ensemble, pour ainsi dire à quatre mains, on a corrigé, écrit, rectifié.

On s'est levées en même temps, d'un bond, juste au moment où ça sonnait.

Ma très chère Mamy,

Ce matin, je me suis levée en pensant à toi comme souvent. Je me suis dit : « Il faut que je lui écrive ! »
J'espère que tu vas bien, moi, je fais attention sinon, chaque année, j'ai un rhume pour mon anniversaire ! Ce n'est pas pratique pour souffler les bougies, surtout que, le 26, j'en aurais treize !
Tu te rends compte, 13 ans ?
J'ai l'impression que mes parents ne comprennent pas que j'ai grandi. Ils vont encore m'offrir un jouet comme quand j'étais petite, alors que mes amies

reçoivent de l'argent maintenant. Je ne peux rien leur dire, c'est déjà si gentil de leur part !

Ma chère mamy, tu es trop loin pour être avec moi le 26, mais je penserai très fort à toi. Je pourrais t'écrire encore dix pages mais il faut que je finisse mes devoirs. J'ai tellement
travaillé pour ça que je ne veux pas voir baisser ma moyenne (15/20).

Ta petite fille qui t'aime et te chérit,

Carine

— Et voilà le travail ! Tu n'as plus qu'à recopier sans faire de faute ! a lancé Sabine en tendant le brouillon à Carine. Ajoute quelques dessins, des cœurs, des trucs comme ça, ça plaît toujours… Et surtout, tiens-nous au courant !

Avant que Carine Ramier ne disparaisse avec notre brouillon de lettre, nous lui avons demandé de nous régler notre conseil.

— Problème familial à 5 euros ! lui a indiqué Sabine.

— Vous ne préférez pas un pourcentage sur ce que va me donner ma grand-mère ?

— Non.

Sabine a eu bien raison de demander à être payée tout de suite mais, à ce moment-là, on ne savait pas encore à quel point.

À propos de tarif, celui que nous devions demander aux journalistes du *Petit Tchacheur* pour nos conseils nous posait un vrai problème. Le soir même, Sabine, Mathieu et moi, nous nous sommes réunis dans ma chambre pour en parler.

— Évidemment, vous n'aviez pas prévu ce genre de client... a commencé Mathieu. Je ne vois rien qui corresponde à leur cas dans votre feuille de tarifs.

Vous vous sentez nuls ?
moches ? mal aimés ?

Vous avez raison !
Venez d'urgence nous consulter !

- Conseils en amour : 10 euros
- Problèmes familiaux : 5 euros
- Problèmes scolaires : 6 euros
- Autres problèmes : 5 euros

Relooking (coiffeur et vêtements en sus) : 10 euros
Forfait cinq séances Amour et relooking : 30 euros

Un très léger supplément pourra être demandé pour les cas difficiles.

Devis gratuit ! Discrétion assurée !

Sur rendez-vous uniquement,
aux heures de récréation.
Banc de gauche, cour des Tilleuls.

Pour plus d'informations, consultez notre site :
www.sabine.juliette.com !

Conseils en amour, problèmes scolaires... Non, rien ne correspondait à notre travail sur le journal du collège. Ça nous a amenés à prendre une décision qui nous a étonnés nous-mêmes. Une décision unique depuis que nous avions créé notre entreprise ! Nous sommes tombés tous les trois d'accord pour annoncer le lendemain au Club des journalistes : « Disons que, pour le moment... c'est gratuit ! »

22

Collège Mag ?

En leur annonçant la bonne nouvelle, le lendemain à la récréation de dix heures, je m'attendais à tout de la part des journalistes sauf à ça : un à un, leurs visages se sont fermés, les sourires ont disparu et des regards étonnés ont circulé.

— Gratuit ? Comment ça, gratuit ? a demandé Robin avec une drôle de voix.

J'espérais même que l'un d'eux dirait : « Ah ? Gratuit ? Comme c'est sympa ! »

Ou bien : « Ah, non ! C'est trop gentil mais on ne peut pas accepter ! »

Tout de suite, Sabine s'est inquiétée :

— Qu'est-ce qu'il y a ? Vous n'êtes pas contents ?

— Si, si, a menti Baptiste. Dites, cela vous embête si on parle quelques minutes entre nous… avant de continuer ?

On était tellement surprises qu'on est sorties sans discuter. De toute façon, dans le couloir, on entendait leur conversation. Par la fente, sous la porte de la salle 102, on arrivait même à les apercevoir.

Je crois que c'est Charlotte qui a parlé la première :

— Je vous l'avais bien dit ! *Gratuit !* C'est bien la preuve qu'elles sont nulles ! Si *Sabine et Juliette, Conseils* était une vraie entreprise, ça nous coûterait une fortune ! *Gratuit*, c'est vraiment louche ! Elles vont nous saccager *Le Petit Tchacheur*, j'en suis sûre !

De sa part, je ne m'attendais pas à mieux mais Baptiste a continué.

— Évidemment… c'est bizarre… Qu'est-ce qu'on décide ? On arrête tout ?

Sabine s'est relevée d'un bond et m'a tirée par la manche.

— Allons-y sinon on va perdre le client ! J'ai une idée !

Elle m'a à peine laissé le temps de me redresser et elle est entrée brusquement dans la salle.

— Ha ! Ha ! Ha !

Elle s'est mise à rire très fort devant les autres, éberlués.

— Ha ! Ha ! a continué Sabine. Bonne blague, hein ? Vous nous avez crues ?

— Cru quoi ? a demandé Baptiste.

— Cru qu'on allait travailler gratuitement, tiens !

Ils n'osaient pas répondre.

— Bon ! On a assez rigolé, maintenant, il faut travailler ! a dit Sabine, l'air soudain sérieux. On règle vite fait les questions d'argent et on s'y met ! Je vous préviens que nous, on a une règle d'or : *Sabine et Juliette, Conseils*, ne discute pas les prix. Alors pour relooker *Le Petit Tchacheur*, c'est 50 euros, à prendre ou à laisser !

Je sais que c'est difficile à croire mais j'ai vu, de mes yeux, vu, leurs visages se décontracter. Ils se sont détendus, il ont retrouvé le sourire.

— Aaaah, c'était une blague ? Ah, dans un sens, j'aime mieux ça… a soupiré Baptiste. Vous dites… 50 euros ? Ça… ça me semble correct… .

D'un mouvement du menton, Sabine a interrogé les autres.

— Oui… Moi aussi, a dit Robin, pendant que Marie hochait la tête. On a reçu notre subvention du principal, ça doit aller !

— Charlotte ?

— Mouais… euh... on peut payer en plusieurs fois ?

Je devais être encore vexée par ce que j'avais entendu quand j'étais à quatre pattes dans le couloir, car j'ai répondu un peu sèchement :

— Bien sûr, Charlotte ! Une fois cinquante euros, ou deux fois trente euros, ça ne pose aucun problème.

Les questions d'argent réglées, je les ai invités à s'asseoir.

— Voyons… Nous avons déjà bien avancé sur « Qu'est-ce qui intéresse vraiment les lecteurs ? », alors passons à la suite…

— Je me souviens ! s'est exclamée Marie. En deux, c'était « Trouver un nom potable au journal ! »

— Exact !

— Je ne suis pas sûre que cela soit une bonne idée d'en changer, a dit Charlotte. On est déjà assez connus.

Sabine recommençait à pouffer, je l'ai interrompue d'un coup de coude :

— Écoutez, j'ai plusieurs propositions à vous faire !

Sabine et moi, on leur avait préparé une liste, ça faisait très professionnel aussi.

— Sur internet, nous avons relevé des titres de journaux ou de magazines qui pourraient convenir... Je lis et vous me donnez votre avis… Voilà ! *Collège Magazine* ? Ou encore plus branché… *Collège Mag* ?

— Bof !

— *Collège Infos, Collège Matin*… Ah ! Celui-ci est super : *Le Collège Libéré* !

— Ça ne va pas la tête ? a protesté Charlotte. Tu veux que le Principal nous supprime notre subvention ?

J'aurai dû me douter qu'elle détesterait mon préféré.

— *La Voix du Collège*, *Le Courrier du Collège* ? *Le Petit Collégien* ?

— *Le Petit Collégien*, ça me plaît bien, a fait Charlotte.

— Ah oui ? Finalement je le trouve très tarte ! ai-je répliqué. Je ne sais même pas pourquoi je l'ai noté… Bon, on se concentre ! *L'Écho du Collège… Collège d'aujourd'hui…*

— Nul ! a dit Robin. Ça ressemble à un truc auquel ma mère est abonnée, un truc débile où il n'y a que des recettes et des conseils de régimes.

Je me suis dit qu'on ne s'en sortirait jamais comme ça. À six, on n'arriverait pas à se mettre d'accord. Alors, j'ai attendu qu'ils arrêtent tous de parler et je leur ai annoncé :

— Bon, nous voulions vos réactions sur la liste, on les a ! Maintenant, Sabine et moi, on tranchera demain à la récré de dix heures ! C’est quand même pour ça que vous nous avez engagées, non ?

23

Joyeux anniversaire !

Le lendemain, sur notre banc, j'ai montré à Sabine les messages imprimés que j'avais reçus la veille sur notre e-mail. Le club des journalistes semblait se prononcer en faveur de *Collège Magazine*.

— Ce n'est pas mal, a reconnu Sabine. On l'accepte ?

— Disons *Collège Mag*, c'est plus moderne, et on n'en parle plus ! Je n'ai pas du tout envie de recommencer des réunions comme hier. Si on perd trop de temps, le journal sortira quand on sera tous au lycée !

— Je suis d'accord. Tiens, tiens... a dit

soudain Sabine en souriant. Regarde qui arrive ! On pourrait lui demander son avis…

Elle marchait droit sur nous.

Elle brandissait d'une main une enveloppe en kraft ; de l'autre, elle balançait son sac à la cadence de ses pas de géant. Carine Ramier s'est plantée devant notre banc. Le regard noir, elle a envoyé l'enveloppe sur les genoux de Sabine.

— Tu tombes bien ! a dit ma copine. On voulait te demander…

— Lisez ça ! l'a interrompue Carine. C'est la réponse de ma grand-mère ! La réponse à votre chef-d'œuvre de lettre ! Ah, ça n'a pas traîné !

Bien sûr, j'étais trop curieuse pour résister. Je l'ai prise et je l'ai lue à voix haute.

Ma chère petite Carine,

J'éprouve toujours un grand plaisir à recevoir des lettres de mes petits-enfants. Ton cousin Antoine m'a écrit aussi pour son anniversaire.

Je vais très bien, je te remercie. Je suis désolée que tu sois sujette au rhume, je conseillerai à ta maman un traitement préventif qui te permettra à l'avenir de souffler tes nombreuses bougies avec efficacité.

J'apprends avec plaisir que tu as de bonnes notes. Même si je pense que c'est un minimum de travailler à l'école quand on la chance d'habiter dans un pays ou de vivre à une époque où c'est possible! Je suis persuadée que tes parents comprendront que tu as passé l'âge des cadeaux enfantins et je t'envoie ce petit porte-monnaie pour ranger les billets que tu recevras sans doute! Il m'appartenait quand j'étais enfant. Il est sans valeur, mais je sais qu'il en aura pour toi, ta lettre m'a montré combien tu es une petite fille aimante et sensible.

Je te souhaite un joyeux anniversaire!

Ta grand-mère
qui t'aime et te chérit

J'ai lu jusqu'à « sujette au rhume » et, ensuite, j'ai donné la feuille à Sabine, j'avais trop peur de rire au nez de Carine. Sabine a tenu sans rigoler jusqu'à « sans valeur » et puis, elle a explosé.

— Je ne vois pas ce qu'il y a de drôle ! s'est énervée Carine. C'est de votre faute !

— Elle est géniale, ta grand-mère ! a dit Sabine en s'essuyant les yeux. Dans la minute, elle a pigé où tu voulais en venir ! C'est de ta faute à toi, si ça n'a pas marché. Tu ne nous as pas dit qu'elle était sûrement la plus futée de ta famille !

— Regarde ça ! ai-je insisté. Tu devrais être contente. À la fin, ta grand-mère a mis la même phrase : *... qui t'aime et te chérit...*

— Je vous préviens que vous allez me rendre mes cinq euros !

— Avec plaisir ! a dit Sabine en sortant immédiatement quelques pièces de sa poche. Parce que j'aime autant te le dire en face : je n'aime pas les clients dans ton genre !

Carine fulminait mais elle a quand même recompté ses pièces.

— On peut voir ton cadeau ? ai-je demandé plus doucement car j'en avais vraiment envie.

Elle a sorti le porte-monnaie du fond de sa poche et elle me l'a mis dans la main. Brusquement, elle a ramassé toutes ses affaires et elle est partie en me lançant :

— Garde-le, puisqu'elle est soi-disant géniale, ma grand-mère !

Loin de moi l'intention de défendre cette peste de Carine Ramier mais il faut reconnaître que sa grand-mère qui la chérissait tant n'y était pas allée avec le dos de la cuillère. Moi qui lui donnais une soixantaine d'années, vu l'état du porte-monnaie de son enfance, elle devait friser les quatre-vingt-dix ! Il avait dû être en tissu coloré, dans le temps, peut-être brodé, on ne voyait plus bien. Il n'empêche que depuis, je l'ai avec moi. Oui, ça m'a donné un coup, l'air de rien, cette histoire-là. Le soir même, j'ai convaincu mon frère d'envoyer un mot à Mamy Hélène, un mot écrit à deux, c'était plus gentil.

Je n'ai pas envie de raconter ce que j'ai mis, c'est personnel. Je peux seulement dire que j'ai fait attention de préciser que ce n'était pas en rapport avec nos anniversaires et j'ai empêché Mathieu de donner ses notes. Il ne comprenait pas.

— Même mon 19 en maths ? Mais pourquoi tu ne veux pas ?

— Elle pourrait penser que tu veux te faire bien voir ! Je ne veux surtout pas ça !

— Ça ne serait pas hasard parce qu'il vaut mieux que tu évites de donner les tiennes ?

J'ai laissé mon frère ironiser, je lui ai demandé de signer et j'ai emmené la lettre en disant que je m'occupais du timbre. Je voulais ajouter une petite phrase sympa sans que Mathieu la lise. Il a dû comprendre ce que je voulais faire car il m'a regardée m'éloigner en me disant :

— Hé ! Fais gaffe, ma vieille, tu deviens sentimentale !

24

Oups...

C'est toujours comme ça !

Une semaine s'était écoulée sans trop de problèmes, on commençait à avoir une bonne idée du travail à faire pour *Collège Mag*, l'ambiance à la maison était agréable, j'avais l'impression de ne m'être jamais si bien entendue avec mon frère et paf ! d'un seul coup, tout a basculé.

Un soir, je rentrais du collège de très bonne humeur, je chantonnais dans les escaliers quand j'ai vu mon frère sur le palier. Bêtement, je lui ai même demandé :

— T'as oublié tes clefs ? Maman n'est pas là ?

— Oh, siiii… a soupiré mon frère. Et papa aussi.

— Ben, alors, qu'est ce que tu fais dehors ?

Soudain, ça a fait tilt !

— Je l'ai reçu ?

— Tu l'as reçu !

J'avais… enfin, mes parents avaient reçu mon bulletin.

— Dans ta chambre immédiatement ! m'a dit mon père en pointant un doigt.

Ma mère m'y attendait déjà, elle ne m'a pas dit un mot, elle a juste demandé à Mathieu de sortir. Mon père tenait l'enveloppe, l'enveloppe avec le sigle du collège, il m'a tendu le bulletin et il a grogné :

— Nous t'écoutons…

Ça ne commençait pourtant pas trop mal. C'était même assez régulier.

BULLETIN TRIMESTRIEL

Collège François VILLON
80, avenue Didier
Tél. 01 00 46 02 03

Nom : **Lambert** Prénom : **Juliette**

Classe : **3A**

REDOUBLANT ☐ 1/2 PENSIONNAIRE ☒ EXTERNE ☐

	NOTES OU	

REDOUBLANT ☐ 1/2 PENSIONNAIRE ☒ EXTERNE ☐

DISCIPLINES	NOTES OU NIVEAUX					APPRÉCIATIONS DES PROFESSEURS
	A	B	C	D	E	
FRANÇAIS			X			
LATIN						
HISTOIRE GÉOGRAPHIE ÉD. CIVIQUE			X X X			Ensemble très moyen

Après, ça se gâtait.

DISCIPLINES	A	B	C	D	E	APPRÉCIATIONS DES PROFESSEURS
ANGLAIS					X	De grosses difficultés Beaucoup trop de lacunes
MATHÉMATIQUES				X		Devoirs non rendus... Exercices baclés (quand ils sont faits...)
S.V.T.				X		Aucun travail ! Élève d'une sensiblerie ridicule !

En Sciences et Vie de la terre, je m'y attendais. Madame Billet n'avait pas oublié ma grenouille. Je passe les langues, les sciences physiques. En arts plastiques, c'était excellent mais papa ne l'a même pas lu, il est passé directement à l'appréciation du Principal. Forcément, ce n'est pas ce qu'il y avait de mieux...

NIVEAUX		APPRÉCIATIONS ET RECOMMANDATIONS
A. Très satisfaisant		Bavardages, retards,
B. Satisfaisant		manque de rigueur... Le conseil de classe
C. Tout juste satisfaisant		vous donne un
D. Insuffisant	X	AVERTISSEMENT-TRAVAIL ! *Le Chef d'Établissement,*
C. Très insuffisant		C. Cornat

Ça alors ! Nos délégués ne m'avaient pas promis des merveilles mais je ne m'attendais pas à ça. Avertissement-travail ! Je ne savais même pas que ça existait.

— Alors ? s'est impatienté mon père.

— Ils sont trop nuls, nos délégués ! Ils pourraient quand même prévenir. Avertissement-travail, ça fait un choc !

— C'est tout ce que tu trouves à dire ? a crié maman.

Je n'ai jamais pris de claques de toute ma vie mais j'ai cru que le grand moment était venu.

Mes parents ont beaucoup crié. De temps en temps, la porte s'entrouvrait et mon frère passait la tête.

— Ça va ?

— Attends dans ta chambre ! répondait maman.

Je n'avais pas conscience que je mettais tout mon avenir en péril, ont-ils dit. *Ça leur faisait mal au cœur de me voir gâcher ainsi ma vie, c'est inadmissible quand on a tout ce qu'il faut pour travailler, je n'avais pas l'air de me rendre compte de la gravité de la situation, ils allaient devoir prendre des mesures si je n'étais pas capable de m'y mettre toute seule...*

— Ça va ?

— Dans ta chambre !

Quand ils m'ont laissée, je n'avais plus de portable, plus le droit de sortir jusqu'à nouvel ordre et l'obligation de ranger im-m-médiatement ma chambre. J'avais les oreilles qui bourdonnaient, j'étais sonnée. Assise sur mon lit, je suis restée un peu flagada et j'ai regardé autour de moi. D'après ma mère, ma chambre était *à l'image de mon bulletin, lamentâââble*. Ça a fini de me détruire le moral.

Je n'aime pas tellement parler de ça mais je reconnais que j'ai pleuré. Quand la porte s'est entrouverte, je n'ai même pas attendu de voir sa tête pour crier à Mathieu de ficher le camp et j'ai replongé dans mes oreillers.

Il est têtu, mon frère. J'ai senti qu'on me tapotait le dos.

Mathieu avait l'air aussi gêné que moi, il fixait la moquette.

— Ne t'en fais pas, ça va aller…

C'est bête ce qu'on dit dans ces cas-là.

— Ils sont en colère, hein ? a soupiré Mathieu.

— Assez, oui… Tu as entendu ?

— Tout…

Ça m'embêtait de voir mon frère chercher une idée pour me consoler, c'est quand même lui le petit, alors je me suis secouée.

Je me suis levée et j'ai décidé d'attaquer le problème de face : au sac poubelle ! On a fait comme dans Mary Poppins sans la magie, on a rangé à toute vitesse. Place nette, ça s'appelle ! Je n'avais jamais vu mon bureau comme ça, lisse et vide comme la banquise.

Mathieu a attrapé un tabouret, je me suis installée sur ma chaise. C'était nickel, ça donnait presque envie de se mettre au travail.

— Là, tu te sens mieux ? s'est exclamé mon frère.

Je reprenais des forces. Mes parents avaient raison, je n'avais que ça à faire, m'investir à fond dans mon travail !

J'ai allumé ma petite lampe et hop ! j'ai sorti une des chemises en carton de mon tiroir. Oui, m'investir, m'investir à fond dans mon travail !

Dans la chemise, j'ai pris une feuille et Mathieu et moi, on s'est mis à réfléchir (à fond aussi) sur le dossier *Collège Mag*.

25

Une majorité de ● ?

— Wahou ! s'est écrié Mathieu. Vise un peu le boulot qu'on a fait en deux heures !

On avait déjà au moins une page pour le journal ! Une page entière ! Soudain, je me suis demandé si les journalistes allaient apprécier. On n'avait pas prévu de travailler ainsi, mais plutôt en groupe.

— Qu'est-ce que tu as ? m'a demandé mon frère. Tu repenses à ton bulletin ?

— Non… non… J'espère seulement que ceux de *Collège Mag* ne vont pas nous reprocher d'avoir trop avancé sans eux…

— Quoi ? Mais, regarde ! Qu'est-ce que tu

veux qu'ils nous reprochent ? C'est génial et prêt à imprimer !

— Tu as raison. Oh là là, j'ai hâte d'avoir l'avis de Sabine... Si au moins, ils m'avaient laissé mon portable ! Moi sans téléphone et elle avec des problèmes d'internet depuis une semaine, on ne va pas pouvoir travailler comme au Moyen Âge très longtemps ! Je pourrais peut-être l'appeler discrètement avec le fixe ?

— Ce n'est pas une idée de génie, m'a dit Mathieu. Imagine que papa et maman t'entendent…

Alors j'ai attendu. J'ai attendu dans ma chambre, vu que je n'avais pas le droit d'en sortir. Ils ne sont venus me voir que deux fois, la première pour dire à Mathieu de décamper et plus vite que ça, la deuxième pour m'apporter un plateau avec un sandwich pas très appétissant, une pomme et un verre d'eau.

— Ça, c'est pour ton professeur principal, madame Billet ! a seulement dit mon père en me donnant une lettre. Une demande de rendez-vous, comme tu t'en doutes !

Je me suis couchée tout de suite, pour m'endormir et oublier cette soirée le plus vite possible. Ça a bien marché, le matin en partant en cours, j'ai même failli oublier la lettre pour madame Billet.

Sabine me guettait dans le hall du collège.

— Ben qu'est-ce qui se passe ? J'ai essayé de t'appeler dix fois hier soir ! Tu étais toujours sur répondeur. Mais... tu as une tête épouvantable ?

— Merci !

— Tu as des ennuis ?

— J'ai reçu mon bulletin…

— Ah, c'est ça ! Et ils t'ont confisqué ton portable ?

— Tu as un don de voyance, toi, tu devrais en faire ton métier. Tu n'as pas reçu le tien ?

— Si, ça va.

— Tant mieux pour toi. Bon ! On pourrait peut-être parler d'autre chose ?

J'avais juste le temps de lui montrer notre travail. Et ce n'était pas le moment de recevoir en plus un bon de retard. J'ai sorti tout ce qu'on avait préparé avec Mathieu : la rubrique horoscope, notre test géant «*Es-tu jaloux (se)* ?» et la liste complète des nouvelles rubriques à mettre dans le journal !

— Comment avez-vous fait pour l'horoscope ? m'a demandé Sabine. Je ne savais pas que tu t'y connaissais ? C'est ton frère qui s'en est occupé ?

— Mais non ! On a pris celui qui était sur le programme télé et on l'a un tout petit peu adapté ! On l'a fait plus jeune, quoi !

— Comment ça ?

— Ben, par exemple, quand ils disaient : *Balance, problèmes professionnels possibles en fin de mois ; on a mis Balance : Attention, gaffe aux notes !*

— Ah oui, ça fait beaucoup plus jeune, a acquiescé Sabine.

À part le sien, je ne lui ai pas détaillé tous les signes et on est passées très vite au test. Je lui ai fait en entier pour vérifier que je ne disais pas trop de bêtises, il ne faut quand même pas se moquer des lecteurs.

NOTRE TEST GÉANT:

ES-TU JALOUX (SE)?

UN GARÇON (OU UNE FILLE) DE TA CLASSE ARRIVE UN MATIN AVEC LE SUBLIME BLOUSON DE TES RÊVES...

● Tu le (la) complimentes: «Oh! Il te va super bien!»

▲ Tu ne dis rien mais tu fais une petite grimace dégoûtée pour qu'il (elle) s'inquiète!

■ Tu t'arranges pour t'asseoir à côté de lui (elle) et tu organises un accident de cartouche d'encre!

TU ES INVITÉ(E) À UNE BOOM AVEC TON PETIT COPAIN (PETITE COPINE)... IL (ELLE) PASSE UN TEMPS FOU DANS LA SALLE DE BAINS. IL (ELLE) MET DES HEURES À CHOISIR SES PLUS BEAUX VÊTEMENTS...

■ *C'est louche, il y a mammouth sous gravillons! Tu vas le (la) garder à l'œil toute la soirée!*

● Ben, quoi, c'est pour te plaire!

▲ Tu te dépêches d'en faire autant.

TON (TA) MEILLEUR(E) AMI(E) TE PRÉSENTE UN NOUVEAU COPAIN QU'IL (ELLE) TROUVE VRAIMENT « SUPER»...

■ Tu prends l'air très étonné(e) qu'il (elle) ne soit pas au courant des bruits atroces qui courent sur cet individu soi-disant «super»!

● Tu es enchanté(e) de voir s'agrandir le cercle de tes amis!

▲ Tu lui dis de se méfier des inconnus, il (elle) pourrait être très, très, très déçu(e)!

TON PROFESSEUR PRÉFÉRÉ A UN CHOUCHOU...

● Tu travailles davantage pour que ton professeur t'apprécie à ta juste valeur !

▲ Tu suggères aux autres élèves d'isoler le « chouchou » pour lui apprendre à vivre !

■ Tu t'arranges pour ramasser les copies des prochains contrôles et ajouter des fautes à celle du préféré.

TU TE RÉJOUISSAIS D'ALLER À LA PISCINE. MAIS, TRÈS VITE, T'ABANDONNANT COMME UNE NOUILLE PRÈS DES PLONGEOIRS, TON PETIT COPAIN (TA PETITE COPINE) DONNE DES LEÇONS DE NATATION À UN(E) INCONNU(E)...

■ Tu croises les doigts pour que ces deux imbéciles coulent!

▲ Tu te sens délaissé(e) et tu pars en reniflant vers les vestiaires.

● Tu es très fier(e) de sa gentillesse, de sa générosité.

TON PETIT FRÈRE A TOUS LES DROITS ET, TOI, TOUTES LES CORVÉES...

▲ Tu lui donnes à choisir : il partage ou c'est la guerre !

● Tu trouves cela normal, il est plus jeune et il est si mignon !

■ Tu fais en sorte que tes parents le trouvent moins mignon !

SI ON DEMANDAIT À TON PETIT COPAIN (TA PETITE COPINE) DE TE COMPARER À UNE PLANTE, IL DIRAIT QUE TU ES PLUTÔT...

■ Un rosier ?

▲ Un lierre ?

● Un saule pleureur ?

ET SI ON LUI DEMANDAIT DE TE COMPARER À UN ANIMAL, IL (ELLE) DIRAIT...

■ Un lion?

▲ Un papillon?

● Une tique?

Sabine a obtenu une majorité de triangles, exactement comme Mathieu, moi, j'avais eu plus de carrés.

Elle a eu :

TU AS UNE MAJORITÉ DE ▲ :
TU ES JALOUX (SE), JUSTE COMME IL FAUT... BRAVO!

Moi :

TU AS UNE MAJORITÉ DE ■ :

TU ES TRÈS JALOUX (SE). On te comprend, et on n'ira pas jusqu'à dire que tu as tort mais fais attention, tu risques d'avoir des ennuis... certains pourraient estimer que tu as mauvais caractère.

C'était toujours mieux que :

SI TU AS UNE MAJORITÉ DE ● :
TU N'ES PAS DU TOUT, DU TOUT JALOUX (SE).
Il faut te secouer ! Si tu continues comme ça, ça va mal finir pour toi ! Personne d'autre ne défendra tes intérêts !

Sabine était contente.

— Ce n'est pas bidonné au moins ?

— Pas du tout, l'ai-je rassurée. Bon, on n'est pas des psychologues mais on a vraiment réfléchi.

— C'est ton frère qui a fait la présentation ?

— Oui !

— Tu lui diras de ma part, hein, s'est écriée Sabine, c'est gé-nial !

« Génial ! » a dit aussi chacun des membres du Club des journalistes qu'on a retrouvés en salle 102. Le test, l'horoscope, tout leur a plu. Même Charlotte n'a pas critiqué la moindre petite rubrique !

26

Petites rubriques

Sabine et moi, nous faisons toujours très attention à être d'accord pour tout devant nos clients, aussi lui ai-je laissé quelques instants pour relire les sujets d'articles que j'avais préparés avec Mathieu avant de leur présenter.

— C'est très bien, a-t-elle tranché, on peut les distribuer !

J'ai donné le premier papier à Robin.

— Ça devrait te plaire, ai-je dit. C'est une des idées de mon frère, sa préférée, la rubrique Écologie : « *C'est nous, les héritiers de la planète, merci !* »

Robin a apprécié.

— Marie, veux-tu la rubrique-témoignage ? *Je suis en sixième et j'ai peur…* lui a proposé Sabine.

— Oh, oui !

Elle était ravie, preuve qu'on avait bien choisi.

Charlotte, aussi, s'était investie à fond. Sans qu'on lui suggère, elle avait pensé à préparer une rubrique : *Courrier des lecteurs*. C'était un peu court surtout si on compare aux magazines qu'on avait étudiés mais c'était un bon début.

Elle s'était occupée de tout, toute seule. Elle avait trouvé des élèves pour les questions et fait les réponses elle-même. Ce qui m'a le plus étonnée, c'étaient ses réponses d'ailleurs. Charlotte, c'est quand même avec elle que je m'entendais le moins au Club des journalistes, eh bien, après l'avoir lue, je me suis dit que bizarrement, on devait se ressembler un peu car j'aurais répondu aux lecteurs exactement de la même façon qu'elle.

COURRIER DES LECTEURS
ET DES LECTRICES

Si tu veux nous demander quelque chose, ou faire passer un message... N'hésite pas, ÉCRIS-NOUS !

Salut ! J'ai un problème. J'ai douze ans et je n'ai jamais embrassé de garçon, suis-je normale ?

L., 12 ans.

Réponse de la rédaction : Bien sûr, Lily, que tu es normale ! C'est marqué nulle part qu'on est obligées de les embrasser ! Y'a quand même des limites !

*

* *

Message personnel de José à ce gros nul de Fabien Lantrec : T'as carrément intérêt à me rendre rapidos mes cd !

José

Message au Club des journalistes : Comment pourrais-je devenir journaliste ?

Une Lectrice

Chère lectrice, pour devenir journaliste au Collège François Villon, c'est simple : tu contactes le Club en salle 102. Pour les autres journaux, on s'est renseignés, c'est plus compliqué. Il faut des diplômes et un certain âge (au moins vingt ans ou plus !)

*

* *

Message perso à ma Lola : T'es ma meilleure amie ! T'es tjrs là kan ça va pas où kan je sais pas koi faire. Énormes bizoux.

Mel17.

*

* *

Coucou ! J'ai une sœur débile, Morgane R. qui est en troisième B. Mes parents la préfèrent et je me demande bien pourquoi. Aidez-moi !

Une lectrice de cinquième.

Chère lectrice, on te comprend, Morgane Rachin, tout le monde la connaît ! Fais comprendre à tes parents qu'ils ont deux filles ! Pour t'aider à les convaincre que ta sœur n'est pas la mieux des deux, demande des idées à son ex-meilleure copine Margot Laloup, troisième C. Tiens-nous au courant !

*

* *

Salut ! Je me trouve trop grosse même si les autres et ma mère disent que non.

M., 13 ans.

Chère M., c'est difficile de te répondre comme ça sans te voir. Glisse donc une photo sous la porte de la salle 102 ! Méfie-toi ! Le poids, c'est souvent dans la tête...

Il y a des dodues très belles et des maigres affreuses, on n'est pas obligé de ressembler à des squelettes !

Bon, en attendant que l'on ait ta photo, évite quand même les chips et le coca !

Je le jure ! J'aurais répondu exactement comme Charlotte ! Cela m'a rendue, comment dire... plus aimable. Alors, quand j'ai vu qu'elle se disputait avec Baptiste pour obtenir la rubrique Votre avis nous intéresse, j'ai immédiatement proposé deux sujets Faut-il supprimer les notes? et Avons-nous vraiment besoin des bulletins?

— Vous faites les deux, ai-je dit, et on choisira le meilleur !

Je ne voulais pas non plus gâcher l'ambiance qui était excellente.

J'avais mis de côté pour ma copine la rubrique Santé, Déclarez la guerre à vos boutons ! Non seulement Sabine la voulait, mais en plus, comme nous avions décidé de mettre la photo de chaque journaliste à côté de son article, on ne pouvait pas mettre n'importe qui. Sabine a toujours bonne mine, c'était parfait. Cela n'aurait pas fait très convaincant de mettre la photo de Charlotte à côté de **Déclarez la guerre à vos boutons**! D'ailleurs, elle ne s'était pas proposée pour la faire.

— Et toi ? m'a dit Marie. Qu'est-ce que tu vas faire ?

— Je crois que j'ai déjà pas mal travaillé, non ?

— Oui mais tu vas pourtant être obligée de t'y remettre ! On a déjà tous un truc à faire et il manque une rubrique très importante ! a dit Charlotte.

Elle parlait déjà comme une rédactrice en chef. Je n'avais aucun mal à imaginer qui nous remplacerait à la minute où, notre travail de conseils terminé, Sabine et moi, on quitterait la salle 102. Finalement, elle me plaisait de plus en plus, on finirait peut-être par être copines, qui sait ?

— Vous m'écoutez, oui ? s'est impatientée Charlotte. Je vous dis qu'il manque un article très important… Quelque chose où on dit du bien du collège, si vous voyez ce que je veux dire…

— Hé, c'est pas *Lèche-bottes Magazine* ! a protesté Sabine.

— Ce n'est pas *Lèche-bottes Magazine* mais c'est quand même le Principal qui nous accorde une subvention, une subvention qui sert à vous payer, d'ailleurs !

Ce n'était pas tout à fait faux alors j'ai accepté.

— Juliette pourrait interviewer… je ne sais pas… le conseiller d'orientation ? a proposé Baptiste.

— Non, non, non ! s'est exclamée Charlotte. Pour le premier numéro du nouveau journal, faut taper haut, très haut !

— Tu as raison, a renchéri Sabine en m'envoyant un regard gêné. Je crois qu'il n'y aurait rien de mieux pour le premier numéro qu'une interview du Principal.

Immédiatement, Charlotte m'a fait un petit papier : **Interview de Monsieur Cornat**, souligné deux fois.

Ça me faisait drôle, la dernière fois que j'avais lu son nom, c'était sur mon bulletin, juste en dessous d'avertissement-travail.

J'ai accepté sans enthousiasme.

— Ça va ? m'a demandé Robin.

J'avais connu mieux mais ça pouvait aller.

— Bon ! a dit Sabine. C'est notre dernière réunion avant la sortie du journal. Il faut nous affoler un peu. Vous avez deux jours pour rendre vos articles à Juliette. Son frère fera la mise en page sur ordinateur et hop ! à la photocopieuse ! Au fait, qui fait les photocopies d'habitude ?

— La dame du CDI et moi, a répondu Baptiste.

— Parfait ! Tu auras tout pour… euh… vendredi matin ! Et l'après-midi même, on dis-tri-bue !

— On vend ! ai-je rectifié.

On s'est installés à nos tables, chacun

dans son coin et on a tous commencé à écrire. J'essayais de trouver les questions intelligentes à poser au Principal :

Monsieur Cornat, est-ce que vous vouliez déjà être Principal quand vous étiez tout petit ?

Complètement idiot ! Comment un enfant normal pourrait avoir envie d'écrire des trucs abominables sur les bulletins scolaires des autres ? J'ai noté plutôt :

Monsieur Cornat, pourquoi vous êtes devenu Principal ? Est-ce qu'on vous a obligé ?

— Excusez-moi, a dit soudain Marie. Je ne voudrais pas vous déranger mais j'aimerais bien vous lire mon début d'article pour savoir si ça vous va avant de continuer. Je peux ?

— On t'écoute ! a répondu Sabine.

— Voilà... D'abord, j'ai un peu changé le titre... Pour faire davantage « témoignage », j'ai mis : **Moi, Marie T., je suis en sixième et j'ai peur !**

C'était une très, très bonne idée, j'aurais

pu l'avoir. Marie a toussé pour s'éclaircir la voix et elle a continué :

— Hum ! Moi, Marie T., depuis la rentrée, chaque matin, j'ai mal au ventre, j'ai mal à la tête. Pendant tout le trajet jusqu'au collège, je tremble, j'ai envie de vomir, j'ai peur... Je n'en fais pas trop ? Je tremble, ce n'est pas un peu exagéré ?

— Mais non ! Mais pas du tout ! Continue !

— Le pire, c'est pendant les récréations, quand les troisièmes arrivent...

— Moi, je dirais plutôt : Quand ces brutes de troisième fondent sur nous... lui ai-je soufflé.

— Ah oui ! Tu as raison, c'est mieux ! a reconnu Marie.

Elle a corrigé son brouillon et repris :

— ...quand ces brutes de troisième fondent sur nous avec leurs regards mauvais, armés de ballons terriblement durs en cuir épais qui fait mal. Ils observent un à un les petits sixièmes.

Comme des rapaces, ils choisissent leur prochaine victime...

— Bravooo ! a applaudi Sabine. C'est exactement le ton qu'il faut ! De l'angoisse, du suspense ! Vous commencez à bien comprendre ce qu'il faut faire ! Ça me rappelle ma sixième comme si j'y étais ! Bientôt vous n'aurez plus besoin de nos conseils.

— Mais bien sûr que si ! a dit aimablement Baptiste.

On s'est remis au travail avec enthousiasme. Et Robin a chuchoté ce qu'on pensait tous à ce moment-là :

— Ça va être quelque chose, le numéro un de *Collège Mag* !

27

Interview !

Ce soir-là, ce n'était pas mon tour, mais j'ai aidé Mathieu à débarrasser la table. Je n'avais pas envie que ça traîne car je ne voulais surtout pas rater le début des informations. Puisqu'il fallait que j'interviewe le Principal, j'espérais voir comment s'y prenait un journaliste.

J'ai pris de quoi noter, j'ai allumé la télé et j'ai plongé dans le canapé. Je m'impatientais, le générique, un reportage, deux reportages, trois reportages…

— Oh là là… Ils ne font jamais d'interview, ces gens-là ?

— Tu n'as pas de devoirs à faire ? m'a demandé papa.

On était encore un peu en froid.

— Ta professeur principale a répondu à ma demande de rendez-vous ?

— Pas encore… Elle avait oublié son agenda.

C'était vrai mais je reconnais que ça faisait louche.

— Comme par hasard ! a d'ailleurs dit papa.

— Est-ce que tu peux me rendre mon portable ?

— Hors de question, a dit papa.

— *Nous accueillons maintenant monsieur Louis Barbé, inventeur !* a annoncé le journaliste en se tournant brusquement vers son invité.

L'invité a souri, l'air intimidé.

— *Monsieur Barbé, qui êtes-vous ?* a demandé le journaliste en le fixant intensément.

C'était bizarre comme question vu qu'il venait de le dire mais je n'avais pas le temps de pinailler, j'ai décidé de tout noter ce qu'il demandait sans trier.

Au calme dans ma chambre, j'ai relu ma feuille et j'ai éliminé quelques questions. Il faut dire qu'entre un inventeur d'éponge supra absorbante pour lutter contre les marées noires et monsieur Cornat, notre Principal, il y avait quand même des différences.

Je crois que j'avais retenu l'essentiel : un bon journaliste doit toujours regarder intensément son interviewé, le fixer comme si le sort de la planète dépendait de ses réponses, même la plus bête.

Je me suis un peu entraînée à regarder intensément dans le miroir de la salle de bains.

Et le lendemain, quand j'ai frappé à la porte de son bureau, j'ai regardé très intensément, aussi, la petite plaque en plastique gravée :

— Entrez ! Tiens ? Juliette !

Monsieur Cornat se tenait derrière son bureau chargé de papiers, l'air très occupé, ses lunettes qui ne lui servaient à rien, perchées sur le front.

— Que se passe-t-il ? Ne me dis pas qu'un de tes professeurs t'envoie ! Je me souviens de ton bulletin et de ton avertiss…

— Noooon ! Oh, noooooon ! Je me permets de vous déranger (c'est Mathieu qui m'avait conseillé cette phrase) à propos du journal du collège.

Dans un sens, monsieur Cornat préférait ça.

— Je tiens beaucoup au *Petit Tchacheur* ! a-t-il dit. J'ignorais que tu faisais partie de l'équipe ?

— C'est assez récent. En quelque sorte, les journalistes du Club me l'ont demandé.

J'avais déjà eu des petits problèmes avec le Principal à cause de *Sabine et Juliette, Conseils*. En gros, il n'aimait pas tellement qu'on fasse « des affaires dans son établissement », alors j'ai évité de détailler. Et je lui ai lancé comme on annonce une bonne nouvelle :

— Ils m'ont même demandé de vous interviewer !

— Moi ?

— Vous !

Il s'est levé, il a tripoté des papiers sur son bureau, il a redescendu ses lunettes sur son nez et m'a désigné une chaise.

— Bon… Si c'est pour *Le Petit Tchacheur*… je t'accorde quelques minutes…

Il bougeait tout le temps, j'avais du mal à le regarder intensément. J'ai sorti mes notes.

— Allons-y ! m'a-t-il pressée.

— Hum ! Monsieur Cornat… ai-je dit bien fort, les yeux dans les yeux, Monsieur Cornat... qui êtes-vous ?

Il est retourné s'asseoir.

— Juliette… Tu n'es pas toujours très attentive à ce qui se passe au collège mais ça, quand même, j'espérais que tu le savais…

Il était moins facile à interviewer que l'inventeur d'éponge, j'ai dû m'expliquer.

— Ma question, c'est comme un résumé. Qui êtes-vous ? Ça veut dire… euh… Où êtes-vous né ? Quel âge avez-vous ? Est-ce que vous aimez les élèves ? Est-ce qu'on vous a obligé à faire ce métier-là ? Est-ce que parfois vous ne regrettez pas de ne pas avoir choisi un métier un peu plus rigolo ? Est-ce que vous avez eu dans votre jeunesse un Principal qui était trop sévère ou même presque sadique ?

Je ne regardais plus ma feuille, ça me venait tout seul, c'était extra !

Il n'a pas répondu à tout, mais je reconnais qu'il a fait un effort. Avec le sourire, il m'a raconté un bout de son enfance avec ses quatre frères (Jean, Gabriel, Thibault, Damien), en Bretagne (Sud, golfe du Morbihan). Et comme il avait été triste de les quitter pour faire ses études à Paris !

Son rêve, c'était de devenir chercheur. Là, il a regardé dans le vague un moment.

— Oh, oui… a-t-il soupiré. C'était un rêve d'enfant… Je m'imaginais faisant des expériences, passant ma vie dans un laboratoire au milieu des tubes à essai, des microbes et des bactéries !

Il m'a parlé longtemps, longtemps, de ce qu'il faut faire pour devenir Principal de collège. Je l'ai laissé faire par politesse mais je n'ai rien noté, je savais d'avance que ça n'intéresserait pas du tout les lecteurs du journal.

— On peut revenir à votre enfance ? Vous étiez comment ? Plutôt sage, ou plutôt…

— Turbulent ! Disons… turbulent !

Ça commençait à m'intéresser.

— Ah ? Et au collège ?

Il était un peu ému de parler de tout ça.

— Mon frère aîné était bien pire que moi, mais je dois reconnaître que je ne pensais souvent qu'à m'amuser, hé ! hé !

Ça devenait même passionnant.

— Aaaah ? Et ça vous arrivait d'avoir des heures de colle ?

— De mon temps, on appelait ça des retenues, a-t-il précisé joyeusement. Oh oui, ça, j'en ai eu ! J'avais treize ou quatorze ans quand j'ai eu deux samedis entiers pour une bataille de bombes à eau ! Notre professeur de latin est entré au mauvais moment par la mauvaise porte et…

Là, je n'ai pas été assez professionnelle. Je ne sais pas la tête que j'ai faite mais, d'un seul coup, il s'est arrêté net.

— Bon ! Je crois que tu as assez de renseignements pour ton article, non ?

— Euh… Vous aviez des notes correctes à votre époque ?

Il a refusé de répondre, il avait perdu son grand sourire. D'un geste, il m'a montré les papiers devant lui et il s'est excusé de « devoir mettre un terme à notre entretien ».

Finalement, je suis sortie sans regret, c'est vrai que j'avais déjà de quoi faire un article du tonnerre et j'avais réussi à obtenir une photocopie d'une de ses photos d'identité. Une pas terrible de quand il était jeune, celle de son permis de conduire, mais c'était mieux que rien. Et puis, sur notre ordinateur, mon frère avait des logiciels qui permettraient de le vieillir un peu, de lui effacer des cheveux. Ce n'était pas vraiment du trucage, il fallait quand même bien que les élèves qui liraient *Collège Mag* le reconnaissent !

28

Assassins !

Le jeudi à la sortie des cours, Sabine et moi, on s'est installées dans le petit bureau de mes parents. C'était agréable de se retrouver toutes les deux. On a pu parler d'autre chose que du collège, du journal et de tout le reste.

Mais brusquement, mon frère a ouvert la porte.

— Alors, on bosse ou on rigole ?

Il avait l'air de bonne humeur aussi.

— J'ai eu des notes d'enfer ! a-t-il lancé. 18 en histoire, la meilleure note en maths, 16 en grammaire…

— Ça va, ça va…

D'un seul coup, je revoyais mon bulletin, et je revoyais mon père me demandant le matin même : « Alors, ce rendez-vous ? C'est pour l'année prochaine ? Je commence à me poser des questions, Juliette, beaucoup de questions… »

— On bosse ! ai-je répondu tout de suite à Mathieu. J'ai les articles, ils me les ont tous donnés à temps !

Il a allumé l'ordinateur et on a commencé à travailler. Je ne peux pas tout détailler. On a scanné, mis en page, agrandi les titres, choisi la taille des lettres, déplacé les photos. Sans vouloir paraître prétentieuse, c'était presque professionnel.

— Juliette, qu'est-ce que tu as fait ? a soudain grondé Mathieu. Tu viens d'effacer toute la page 2 ! Pff… Allez, pousse-toi ! Et laisse-moi finir sinon on n'est pas couchés…

On l'a laissé faire mais on est restées quand même pour le conseiller.

— En plus gros, s'il te plaît, **Déclarez la guerre à vos boutons** ! a insisté Sabine. Ma photo, c'est bien, mais pourquoi tu as mis en si petit celle qui illustre l'article ?

— Ben, ce gros plan sur un point noir est un peu dégoûtant quand même… a dit mon frère.

— Ça n'a rien de dégoûtant, mon cher, c'est scien-ti-fi-que !

J'ai dû aussi lui demander deux fois de mettre en gras le titre de mon interview.

— Mais regarde… a ronchonné Mathieu. Sur trois lignes, c'est moche ! Sans compter que ton principal risque d'apprécier moyennement…

— Pourquoi ?

— Ben, je ne sais pas mais… **MONSIEUR CORNAT NOUS RACONTE TOUT EN PAGE 3... À TREIZE ANS, IL AGRESSE SON PROF DE LATIN** ! On ne voit plus que ça !

— Faut bien leur donner envie de lire le journal !

On discutait chaque détail mais on avançait. On s'est permis de corriger l'article de Robin. En voilà un qui n'aurait bientôt plus besoin de nos conseils. Il y allait fort, très fort même.

Les adultes ont hérité de la planète en bon état, et nous qu'est-ce qu'on aura? Une couche d'ozone percée, des bouts de banquise dans la Méditerranée, des vaches dingues et des poulets contaminés, des baignades au mazout... Ah merci! Merci et merci encore!

Jusque-là, ça allait. Le problème, c'était la suite:

Assassins! Vendus! Escrocs... Il y en avait cinq lignes, cinq lignes d'insultes. On pensait comme Robin, surtout Mathieu, mais je sentais à l'avance les ennuis qu'on allait avoir. J'ai discuté avec Sabine, on a choisi ce que l'on devait supprimer.

— C'est de la censure! a protesté Mathieu.

Comme mon frère avait travaillé pour nous avec bonne volonté (et sans demander de prime spéciale), on l'a laissé ajouter en plus petit, en beaucoup plus petit, un mot à lui : **Bande de crapules** !

Les articles de Charlotte et Baptiste dans la rubrique **Votre avis nous intéresse** ! n'avaient pas besoin d'une seule correction. Nous les avons lus, plusieurs fois chacun.

Lequel choisir ?

FAUT-IL SUPPRIMER LES NOTES ?

Un article de Charlotte Rémi.

Les années passent et le sujet est toujours d'actualité car personne n'a le courage de prendre une décision ! Notre journaliste, Charlotte Rémi, a enquêté pour vous ! Un nombre très important d'élèves (au moins 83% des demi-pensionnaires) a bien voulu répondre à sa question :

Faut-il supprimer les notes?

❏ Oui, bien sûr !

❏ Oui, pourquoi pas.

❏ Je ne sais pas.

Un nombre écrasant d'élèves s'est prononcé pour la suppression et surtout... personne ne s'y est opposé! Par souci d'honnêteté, notre journaliste a également interrogé trois professeurs. Presque 50 % d'entre eux ont répondu: «Pourquoi pas!»

Alors, la conclusion est simple : OUI! OUI! OUI!

C'était bien fait, bien détaillé, mais l'article de Baptiste était intéressant aussi:

AVONS-NOUS VRAIMENT BESOIN DES BULLETINS?

par Baptiste Millot

Chers lecteurs, prenons les choses dans l'ordre! Le bulletin du troisième trimestre par exemple...

Au moment où on le reçoit, c'est déjà les vacances! Qu'il soit bon ou mauvais, tout le monde pense à autre chose. Il n'y a pas besoin de discuter, il ne sert à rien!

Et celui du premier trimestre? Est-ce que c'est vraiment malin d'envoyer un bulletin juste avant Noël? S'il est bon, il ne sert à rien car on a des cadeaux de toute façon. S'il est mauvais, on n'en a pas vraiment moins, parce que Noël, c'est quand même Noël !

Le bulletin du deuxième trimestre, je ne dis pas. Peut-être qu'il permettrait aux élèves de se rendre compte si ça va, où il faut faire un effort. Mais bon, vu qu'on a réussi à prouver qu'on n'avait pas besoin des deux autres, un bulletin du deuxième trimestre tout seul en plein milieu de l'année serait un peu ridicule!

Alors la réponse à notre question est évidente: NON, NON et NON!

Malheureusement chers lecteurs, je crois bien que l'on continuera à les recevoir quand même.

Même si la fin de son article n'était pas très optimiste, d'une manière générale, il était très bien argumenté. Et évidemment, Sabine, Mathieu et moi, on n'a pas pu trancher.

— Bah ! Gardons les deux ! a dit mon frère. Je réduis un peu la taille des caractères, et tout rentrera.

Le temps de réduire, le temps d'imprimer tout ça, on a réussi à finir juste avant le dîner, et maman m'a fait plaisir en invitant Sabine. Papa s'était détendu, Mathieu inaugurait une nouvelle recette de son invention.

— Omelette aux poivrons à la Mathieu ! Vous allez en mourir de jalousie, les filles !

29

Un euro, un !

Le lendemain à partir de quinze heures, on ne peut pas dire que *Collège Mag* était en vente dans les kiosques, mais il l'était à la sortie du collège. Ça, il y était ! Tous en ligne, on bloquait les portes.

— Quiiiii veut le journaaaal !

— Deeeeemandez *Collège Maaaag* ! Demandeeeez ! braillaient Robin et Baptiste dans le hall.

Nous, on était postées à l'extérieur, sur les marches, pour récupérer les élèves qui réussissaient à échapper aux garçons.

— Qui n'a pas son *Collège Maaag* ? Quiiii ?

J'ai coincé Mélodie Anchetti qui s'enfuyait par la loge de la gardienne.

— Mélodie ! *Collège Mag* ! Un euro !

— Euh...

— Fouille tes poches... Un euro, c'est pas la super cagnotte du Loto, ça doit se trouver !

Elle l'a trouvé.

Un euro, c'était vraiment un petit prix. Mais le Club des journalistes n'avait pas voulu en démordre. Pour eux, un euro, c'était un maximum, et encore, pour nous faire plaisir.

— Un euro, l'un ! Deux euros, les deux ! criait maintenant Robin. Trois euros, les trois, profitez de nos promotions !

Il riait un peu trop avec Baptiste, ça ne faisait pas très sérieux. Meilleure vendeuse, Marie n'avait plus rien à voir avec la fille timide qui entortillait sa mèche de cheveux de notre première rencontre. Elle criait exactement comme il fallait :

— Monsieur Cornat nous dit tout en page 3 ! Lisez comment le Principal a failli noyer son prof de latin ! Achetez *Collège Mag* ! Pour un euro, vous saurez tout !

Deux garçons de ma classe, Thomas Derry et Jérôme Flesh ont pilé.

— Qu'est-ce qu'elle a dit ? a demandé Thomas.

Marie lui a agité un exemplaire de *Collège Mag* sous le nez.

— « Elle » a dit... monsieur Cornat nous dit tout ! Et « Elle » n'a pas dit, mais c'est marqué en page 3, que monsieur Cornat préfère les bactéries aux élèves !

Thomas a essayé d'attraper le journal mais Marie l'en a empêché.

— Fais-voirrrr !

— « Elle » a dit... un euro !

— Mais depuis quand le journal du collège est payant ? a protesté Jérôme.

— Depuis que les élèves ont envie de le lire ! a rigolé Marie.

Non, elle n'était plus timide du tout.

Baptiste est venu jusqu'à nous.

— Je ferais bien une petite pause, moi, je fatigue. J'ai passé la matinée à faire les photocopies avec madame Riboule et, tout mon déjeuner, à les agrafer…

— Pas question ! a répondu Sabine. Regarde ce qui se passe, ça va te donner du courage !

On s'est retournés vers le portail et on a vu ce qu'on a vu : les élèves marchaient le nez plongé dans notre journal (certains avaient l'air de rigoler, d'autres avaient l'air étonné). Ils s'arrêtaient pour discuter par petits groupes sur le trottoir, quelques-uns nous observaient.

— Wahou ! Je n'en reviens pas, ça marche ! s'est exclamé Baptiste.

— Tu en doutais ? a dit Sabine.

Et il est arrivé à ce moment-là quelque chose d'extraordinaire. Cette radin de Mélodie Anchetti est revenue vers moi et elle m'a dit :

— Je peux acheter un autre *Collège Mag* ? C'est pour ma copine Mathilde, elle est absente. Elle m'en voudra si elle voit ça et que je ne lui en ai pas gardé un !

Tous les membres du Club des journalistes l'ont entendue, sauf Robin qui vendait un exemplaire au surveillant.

J'ai vu le sourire de Sabine, j'ai vu les yeux des journalistes.

— Bien sûr, Mélodie !

On a fait la sortie de seize heures, on a fait la sortie de dix-sept heures. Enfin... presque ! À dix-sept heures cinq, on a dû arrêter, le tirage était épuisé.

Je me suis adressée à Charlotte :

— Alors ? Engager *Sabine et Juliette, Conseils*... ce n'était pas une bonne idée ?

Après ces jours et ces jours de travail, j'aurais bien aimé profiter tranquillement d'une bonne dose de compliments. Baptiste avait bien commencé :

— Sans vous, on en serait encore au *Petit Tchacheur* ! J'espère que vous ferez tout le temps partie du Club maintenant !

— Ah non, lui a répondu Sabine. On a notre entreprise, nos clients à nous, on s'est bien amusées à être journalistes mais on ne peut pas tout faire...

— C'est moche ! Sans vous, ça ne sera pas pareil !

C'était quand même agréable de l'entendre.

— Est-ce qu'on pourrait au moins vous engager pour nous faire un blog ? a insisté Baptiste. Nous, on s'occuperait de tous les articles mais vous nous les mettriez en ligne ? Une version papier, une version Collegemag.com, ça serait trop classe !

Sabine a froncé les sourcils.

— Ça peut se faire...

— Mais ça ne sera pas gratuit ! ai-je ajouté.

J'allais réfléchir au tarif quand madame Billet est arrivée.

— Juliette ! Je vous cherche partout !

— Moi ?

— Oui, vous, il y a d'autres Juliette, ici ?

Comme je l'ai déjà dit, madame Billet ne m'aime pas beaucoup.

— Veuillez dire à vos parents que nous pourrons nous rencontrer demain matin à douze heures en salle des professeurs !

Priez-les de m'excuser pour le temps que j'ai mis à leur répondre, je rencontre beaucoup de parents en ce moment…

Elle a fait volte-face, on l'a regardée s'éloigner en silence, c'est le genre de personne qui gâche toujours l'ambiance.

— Tu veux que je lui offre un exemplaire ? m'a proposé gentiment Marie.

J'ai refusé. Même si on s'était appliqué autant qu'on pouvait, madame Billet, c'est aussi le genre de personne qui trouve toujours un malheureux petit détail à critiquer.

30

Avertissement

— À midi, demain ? Très bien… On ne peut pas dire que ta professeur nous donne le choix, mais ça ira.

Papa n'a pas ajouté un mot sur le sujet… Ah si ! Il a dit : « Tu nous accompagnes, Juliette… évidemment ! »

Dix heures, onze heures, les aiguilles de mon réveil se traînaient.

Onze heures trente, on s'est mis en chemin.

Il n'y a pas beaucoup d'élèves au collège le samedi, seulement ceux qui ont un emploi du temps nul. « Les maudits » comme les appelle Sabine. Quelques maudits m'ont donc envoyé des regards compréhensifs. Ça devait se voir à cinq cents mètres que, cernée par mes parents, en route vers la salle des profs, je n'allais pas à la piscine.

Mon père a frappé à la porte.

— Entrez ! a dit quelqu'un.

J'ai aperçu madame Billet devant une table avec d'autres profs. Elle corrigeait des copies, ou elle faisait semblant, d'où j'étais, c'était difficile à dire.

Elle s'est levée tout de suite et elle a rebouché son stylo. Elle a salué très aimablement mes parents, un peu comme si elle essayait de se les mettre dans la poche. Puis, elle leur a expliqué :

— Je pensais vous recevoir ici, mais ce matin j'ai croisé monsieur Cornat. Quand, par hasard dans la conversation, je l'ai informé de votre visite à midi, il a émis aussi le souhait de vous rencontrer...

Là, elle m'a regardée intensément comme pour une interview et elle a ajouté :

— Il était relativement pressé quand nous nous sommes parlé, aussi j'ignore ce qu'il a l'intention de vous dire… Quoique je l'imagine aisément…

Il y a des couloirs partout au collège François Villon. Nous, on en suivait un plus large que tous les autres, le couloir de l'administration. Monsieur Cornat regardait par une fenêtre. Il nous a entendus arriver.

— Ah ! Madame Billet ! Bonjour, Madame, bonjour, Monsieur ! Tu vas bien, Juliette ?

Son ton, disons agréable, m'a étonnée, madame Billet aussi.

Assez gai pour un Principal, il nous a fait entrer dans son bureau, il nous a fait asseoir.

— Vous voudrez bien m'excuser d'avoir pris la liberté de cette rencontre, a-t-il dit à mes parents. J'ai pensé souvent à votre fille ces derniers jours…

Là, papa m'a demandé de me redresser sur ma chaise.

— … alors, j'ai profité de ce rendez-vous

que vous avez pris avec madame Billet. Je la remercie d'ailleurs d'avoir accepté de…

Ça durait et ça durait. Je voyais bien que mes parents essayaient de dire des choses mais le Principal ne leur en laissait pas le temps. J'aurais bien aimé pouvoir dire d'aller droit au but, mais le dernier des imbéciles sait que, quand on est convoqué, ce n'est pas un truc à faire.

— Voilà ! a-t-il dit enfin. Alors, si sa professeur principale le permet, j'aimerais revenir sur l'avertissement-travail de Juliette, et… le supprimer !

Il a marqué une pause, sans doute pour voir l'effet produit. Ça nous a plu. Beaucoup même. Maman lui a fait un sourire gigantesque, papa aussi.

Sûr qu'ils allaient me rendre mon portable et peut-être même augmenter mon forfait !

— Maiiis… a dit madame Billet.

— Bien sûr, a repris monsieur Cornat, les notes et les appréciations de Juliette sont ce qu'elles sont…

— Ça ! a dit sèchement madame Billet.

— Mais je considère que la vie au collège, c'est un tout ! s'est soudain enthousiasmé le Principal. Le travail personnel de l'élève est fondamental, bien sûr, mais sa capacité à participer à des projets collectifs l'est tout autant, et votre fille a montré ces derniers temps un réel intérêt pour son collège ! Elle a plus que participé à la réalisation de notre journal, *Le Petit Tchacheur* !

— Euh... Il s'appelle *Collège Mag*, maintenant... ai-je rectifié.

— Ah ? Vous l'avez changé de nom ? Dommage, j'aimais bien *Le Petit Tchacheur*, c'est moi qui l'avais trouvé... Bon, peu importe ! Puisque madame Billet est d'accord, en tant que professeur principale, c'est décidé. Pour encourager les efforts de Juliette, je supprime exceptionnellement cet avertissement-travail !

— Maiiis... a repété madame Billet.

Mes parents ont poussé un gros soupir de soulagement.

— Parfait ! a ajouté monsieur Cornat. Et,

toi, Juliette, je te demande de mériter cette preuve de confiance !

Le coup de coude de papa m'a fait penser à répondre :

— Oh… ouiii ! Mais... euh… excusez-moi, monsieur Cornat ?

— Oui, Juliette ?

— Je… euh… je voulais savoir… *Collège Mag*, vous l'avez lu ?

— Pas entièrement, Juliette, pas entièrement.

Il l'a sorti d'un tiroir de son bureau et, en le tendant joyeusement, il a ajouté :

— Mon adjointe et madame Riboule me l'ont apporté ce matin, elles ont tenu à me faire le test.

— Le test ? a dit papa.

Monsieur Cornat a eu un petit rire. J'avais du mal à l'imaginer avec son adjointe et la dame du CDI répondant aux questions d'**Êtes-vous jaloux (se)?**

— Votre fille ne vous l'a pas fait, cher Monsieur ? Ah, vous devriez essayer, c'est amusant !

Papa m'a regardée en fronçant les sourcils.

— Moi, Juliette, j'ai eu une majorité de triangles comme madame Riboule, m'a dit le Principal. Mon adjointe, elle, est terriblement jalouse. Cela dit, même sans le test, je m'en doutais un peu !

— Et... Qu'est-ce que vous avez pensé de... de votre interview ?

— Je ne l'ai pas lue. Je préfère me la garder pour ce week-end, dans un fauteuil, avec un bon petit café !

Il s'est levé, il avait encore du travail, et on est tous sortis rapidement. Mes parents et ma professeur ont terminé l'entretien dans le couloir. L'air de rien, en reculant à tout petits pas, je me suis dirigée vers les escaliers. De toute façon, on aurait dit qu'ils n'avaient plus grand-chose à se dire. C'était un peu ridicule quand on pense avec quelle insistance papa avait réclamé ce rendez-vous.

Pour résumer, madame Billet a juste ajouté qu'il fallait que je travaille davantage, que j'approfondisse mes leçons et que je sois plus concentrée. Comme a dit Mathieu qui nous attendait accroché au portail de la sortie, il n'y avait là rien de bien nouveau, en tout cas, rien qui mérite de se déplacer, et surtout pas un samedi matin.

31

Qui est Juliette ?

— Bon ! On va déjeuner ? m'a demandé Sabine pour la troisième fois ce midi-là. C'est le jour des…

— Je sais ! C'est le jour des frites ! Et tu n'as rien pris ce matin au petit déjeuner et si tu ne manges pas dans les dix minutes, tu vas te trouver mal et…

— Ça va ! Ça va !

— Alors, je te rappelle qu'on a un rendez-vous.

Presque quinze jours étaient passés depuis la sortie de *Collège Mag*, on reprenait peu à peu nos activités normales. J'ai vérifié sur notre agenda noir, j'avais raison. Un certain Jean Lescure, un troisième, à douze heures quinze, pour un relooking.

— Pff, tu le connais, toi ? m'a demandé Sabine.

— Non, il a pris rendez-vous par e-mail...

— De toute façon, on va vite l'expédier, le Jean Lescure, a dit Sabine. J'ai besoin de vacances, moi. Beau ou moche, je vais lui dire qu'il est parfait, qu'il n'a rien à changer ! Pas une mèche à couper !

Elle a sauté du banc et elle s'est mise à complimenter un Jean Lescure imaginaire.

— Oooooh... Mon cher Jean... Que vous êtes Jôôôli, que vous êtes Bôôô ! Sans mentir, si votre ramage se rapporte à votre plumage, vous êtes la star des monstres de ces bois !

J'ai pris la place du Jean Lescure invisible, je ne suis pas très bonne comédienne mais c'était marrant. Pliée en deux, traînant les pieds, j'ai bêlé :

— Mais j'chouis laid, ma petite dame ! Regardez-moi-z'y de plus près... Une horreur ! une laideur ! En deux mots… un pou !

— Nenni ! Nenni ! Votre lumière intérieure m'irradie ! Aaaah !

Sabine a poussé un cri et elle s'est caché les yeux. Elle tournait autour du banc en criant : « Je souffre… mes yeux ! Mes yeux ! » quand je les ai vus arriver. Charlotte en tête, Robin, Baptiste, et Marie à leur suite, traversaient la cour des Tilleuls. Ils venaient droit vers notre banc.

— Hé ! Oh ! Juliette ! Sabine ! appelait Robin.

Bien sûr, on s'était vus après le succès de *Collège Mag*, mais on ne leur avait pas fait de blog. Mettre le journal gratuit sur internet, ça risquait trop de faire chuter les ventes. Et puis nos rencontres dans les couloirs s'étaient espacées. C'est comme ça, Sabine et moi, on est habituées, presque tous les clients réagissent ainsi. Ils ne peuvent pas se passer de nous pendant quelque temps, on les voit tous les jours, on les aide et hop ! ils disparaissent.

— Regardez ce qu'on vous apporte… a dit Marie.

— Avant tout le monde ! a précisé Baptiste. *Collège Mag*, numéro 2 ! Tout frais, tout chaud !

À trois mètres, ça avait l'air bien. Il faut dire qu'ils n'avaient apparemment pas changé notre présentation.

— On a une page de plus ! a annoncé fièrement Charlotte. Recto verso ! On avait les moyens avec la dernière vente et monsieur Cornat a augmenté notre subvention.

— En y mettant une condition… a commencé Baptiste.

— Oh ! Une toute petite ! a dit Charlotte.

— Quelle condition ? a demandé Sabine.

— Il veut seulement qu'on lui montre la maquette du journal avant de la photocopier, ce n'est pas très grave…

— Et vous avez accepté ? ai-je protesté. Mais c'est pour vous censurer ! Il ne fallait pas céder !

Les journalistes se sont regardés, et Charlotte a répliqué :

— Avant de râler, tu ferais bien de te demander pourquoi il a fait ça ?

Je ne voyais pas.

— Il me l'a dit à moi, a continué Charlotte. Il est même venu exprès en salle 102. Il a moyennement apprécié ton interview ! Il a dit que tu n'avais retenu que ses bêtises d'enfant et pas les choses intéressantes qu'il t'a apprises sur sa carrière. Il a dit aussi que cette façon de faire était un peu douteuse…

— Douteuse ?

— Oui, mais ce qui l'a le plus contrarié, c'est sa photo !

— Ah ? Et… euh… il n'a pas demandé à me voir ?

— Non, je lui ai proposé mais il a dit comme ça qu'il avait assez entendu parler de toi et du *Collège Mag* pour le moment et hop ! il est parti tout de suite.

J'étais embarrassée que les journalistes restent sur cette mauvaise impression. Sabine et moi, on tient à ce que nos clients soient totalement satisfaits.

— Je vous rappelle que monsieur Cornat m'avait donné une photo de lui très jeune, ai-je voulu m'expliquer, il fallait bien qu'on lui enlève quelques cheveux pour qu'il soit reconnaissable…

— Oh là là, laisse tomber, ce n'est pas grave ! m'a interrompue Robin. Nous aussi, après tout, on était d'accord pour qu'elle paraisse. Baptiste m'avait même fait remarquer que le trucage se voyait trop !

— Allez ! a renchéri Baptiste pour me consoler. On sait bien que ce n'est pas évident de réussir un photo-montage !

Ils étaient vraiment gentils. Ils nous ont donné un exemplaire chacune et sans doute pour qu'on les lise tranquillement, ils ont commencé à s'éloigner.

— Bon, ben, à plus ! a dit Robin. Il y a une surprise pour vous dans *Collège Mag*, j'espère que ça vous plaira ! Vous nous direz ce que vous en pensez, hein ! On va manger, c'est le jour des frites !

— Aaaaah, j'ai faim ! a gémi Sabine.

— Midi dix ! Mais qu'est-ce qu'il fait, ton Jean Lescure ?

Ma copine avait déjà rangé le journal dans son sac, trop occupée à scruter la cour. Moi, je me suis installée pour lire sur le banc, mon pull calé sous la tête. Mais je me suis redressée immédiatement. Au milieu des autres titres, ça m'a sauté aux yeux :

SABINE et JULIETTE, Conseils, tout le monde connaît au collège François Villon! Mais... qui est Sabine? Qui est vraiment Juliette?

À lire d'urgence en page 5!

— Mais qu'est-ce qu'il fait ? a répété Sabine. Je vais maigrir à vue d'œil, moi ! Oh ! Dis donc... Eh, Juliette ! Regarde celui qui s'approche... J'espère que c'est lui !

Je n'ai pas répondu, je tournais à toute vitesse les pages du *Collège Mag* numéro 2. L'article commençait page 5, par une toute petite photo de Sabine, et un petit texte sur ce qu'elle aime : la danse, la natation... je m'étais affolée pour pas grand-chose. Une petite photo de rien et deux lignes de blabla, alors, j'ai tourné la page.

Et là : moi.

Rien que moi, sur cinq, six, sept photos !

Moi, déguisé en lapin à la maternelle. Moi sur mon tricycle, le vert que Mathieu a cassé. Moi, partout !

QUI EST VRAIMENT LA JULIETTE DE *SABINE ET JULIETTE, CONSEILS* ?

Un article de Charlotte Rémi.

Oui, Juliette a créé déjà son entreprise, son site internet mais, toute petite, c'était une fille comme les autres ! À deux ans déjà, elle...

Je n'arrivais pas à lire. Moi, en maillot de bain à la Baule ! En minuscule sous la photo, il y avait le nom du coupable, le nom du traître : *Photographe Mathieu Lambert.*

— Sabiiiiine !

J'ai crié mais ma copine avait disparu. J'ai

couru dans la cour et je l'ai vue qui montait les marches de la cantine avec un garçon inconnu.

— Sabiiiiine !

Elle s'est retournée. Elle n'a pas fait un pas vers moi, mais elle m'a crié, les mains en porte-voix :

— Je ne voulais pas te déranger pendant que tu lisais ! C'est Jean Lescure ! Ne t'inquiète pas, je m'occuuuupe de tout !

32

Bonne chance !

Finir à seize heures me permettait en me dépêchant d'être à l'appartement avant Mathieu.

Quand monsieur Hié nous a donné « the exercices number four and five, page one-hundred for next tuesday », j'avais déjà bouclé ma trousse et remis toutes mes affaires dans mon sac de cours. Quand il a dit : « Well ! It is time now ! Good bye ! », j'étais déjà dans le couloir.

J'ai couru chez moi, il n'y avait encore personne. J'ai bu un verre d'eau, j'ai sorti l'exemplaire de *Collège Mag* et j'ai attendu Mathieu dans l'entrée.

J'ai entendu ses pas dans l'escalier, la clef dans le serrure, et la porte s'est ouverte.

— Salut !

C'est la vérité. Décontracté, souriant, il a dit comme ça : « Salut ! »

J'ai brandi le journal sans un mot.

— Ah, cool ! Tu l'as eu… alors, il est comment ?

Il l'a saisi et feuilleté rapidement. Il a marqué un temps sur la photo de Sabine avec une moue déçue.

— C'est dommage, je n'avais pas d'autres photos d'elle.

À la page 6, il a retrouvé le sourire.

— Aaaah, bien ! Très bien !

Je n'en croyais pas mes yeux, ni mes oreilles.

— Tu es devenu débile ou tu le fais exprès ? ai-je crié. De quoi j'ai l'air, moi ? Sale traître !

— Hé, tu vas te calmer ? C'est Charlotte et Baptiste qui me l'ont demandé. Je sais que tu n'aimes pas les surprises mais pourquoi tu t'énerves ? Il y a partout dans le journal des

Sabine et Juliette, ceci, des Sabine et Juliette, cela… et, toi, tu cries ? Tu te rends compte de la publicité gratuite que ça nous fait ? Tu n'as pas compris qu'au collège, vous êtes devenues des people ? C'est comme ça, va falloir t'y faire. Quand tu es célèbre, tu n'as plus de vie privée !

J'ai pointé du doigt la photo du tricycle.

— Déjà que tu l'as cassé, ce n'était pas, en plus, une raison pour montrer ça ! Ils auraient pu parler de nous avec des photos récentes... moins personnelles !

Ça a bien fait rire mon frère.

— Ah ! Bravo ! Quelle professionnelle à la gomme ! Pour donner des conseils aux autres, tu es fortiche, mais quand il s'agit de toi, tu as les yeux bandés, ma vieille ! Réfléchis vingt secondes… Dans quinze jours, les élèves auront oublié ton tricycle mais… chtac ! Sabine et Juliette, ça va rester dans une petite case de leur cerveau… Et s'ils ont besoin d'un conseil, ça fera tilt !

Il y a eu un grand silence dans l'entrée. C'est quand même rare qu'on se dispute.

Mathieu faisait semblant de relire l'article.

— Mouais, ai-je dit finalement, ce n'est pas faux mais c'est facile à dire… Et puis, tout le Club des journalistes sait que tu travailles pour *Sabine et Juliette Conseils*, tu pouvais aussi leur donner des photos de toi…

Là, il a levé les yeux.

— Je leur ai proposé, figure-toi, mais ils n'ont pas voulu.

J'ai eu la nette impression qu'il en était déçu. L'air pensif, il a ramassé son cartable et il est parti vers sa chambre. Un bon moment, je suis restée plantée dans l'entrée, j'essayais de réfléchir. Je m'étais peut-être énervée pour rien, enfin, pour pas grand chose. Il fallait que je m'occupe, alors je suis allée dans le petit bureau allumer l'ordi pour récupérer mon courrier.

De : CHARLES <charles.rey@icom.net>

À : <sabine-juliette@zoom.fr>

Envoyé : jeudi 14 - 14 :36

Objet : Coucou !

Coucou ! Ça alors ! Je traînais au CDI quand j'ai vu Baptiste Millot et madame Riboule qui photocopiaient le Collège Mag. Super sympa, Baptiste ! Il m'a fait lire avant tout le monde l'article sur vous ! Super ! Je suis content pour vous !

Charles Rey
(J'avais le même tricycle !)

De : SABINE <sr@zoom.fr>
À : <sabine-juliette@zoom.fr>
Envoyé : jeudi 14 - 14 :42
Objet : Ça va ?

Ça va ? J'ai fini mes cours à 2 heures. J'ai vu Jean Lescure pendant le déjeuner, et je le revois dans une heure. Il n'y a pas un boulot fou pour son relooking. Pas de boulot du tout, même. Mais bon, ça m'arrangerait si tu lui disais comme moi qu'on peut toujours s'améliorer. Je t'embrasse et je te téléphone ce soir.

Sabine

P.s : Tu as lu ton exemplaire du Collège Mag ? Quelle pub ! Jean a reconnu la plage de La Baule.

Bon, ils semblaient tous penser la même chose. Je regardais fixement l'écran, un peu ramollie.

— Alors ? m'a dit Mathieu en entrant. Madame a calmé ses nerfs ?

— Ouais… Regarde les messages ! Ils disent comme toi…

Je voulais bien reconnaître qu'il avait raison mais pas question de lui présenter des excuses. Pub ou pas, tout le collège m'avait vue en maillot de bain, alors j'ai proposé à mon frère qui adore ça :

— Tu m'aides à faire les réponses ?

Il s'est précipité sur le clavier.

— Vas-y, Juliette ! Dicte !

De : SABINE et JULIETTE <sabine-juliette@zoom.fr>
À : <charles.rey@icom.net>
Envoyé : jeudi 14 - 16:51
Objet : Re-Coucou !

Merci.

De : SABINE et JULIETTE <sabine-juliette@zoom.fr>
À : <sr@zoom.fr>
Envoyé : jeudi 14 - 16:52
Objet : OK !

OK. Sabine.
On fera comprendre à Jean Lescure qu'il a vraiment besoin de conseils !

Juliette

Mais j'ai réfléchi davantage pour mon message au Club des journalistes :

De : SABINE et JULIETTE <sabine-juliette@zoom.fr>
À : CLUB DES JOURNALISTES <baptiste.millot@zoom.fr>
Envoyé : jeudi 14 - 17:03
Objet : Message au Club des Journalistes

Chers clients,
Je vous remercie de votre article sur notre entreprise paru dans Collège Mag.

Les photographies très personnelles sont bien choisies. En nous montrant dans notre vie de tous les jours, elles prouvent à nos futurs clients que nous sommes comme eux ! Exactement comme eux ! C'est très important pour qu'ils comprennent que c'est pour ça que nous sommes les seules capables de bien les conseiller.
Je souhaite bonne chance à votre journal.

Juliette, pour *Sabine et Juliette, Conseils*.

Mathieu a cliqué sur envoi et le courrier est parti.

Malgré son air concentré, j'ai vu qu'il me regardait en coin. J'aimais bien comme il me regardait.

— Alors ? ai-je dit. Qui est une professionnelle à la gomme ?

Table

1. *Un havre de paix...* 11
2. L'emplacement 147 19
3. Bronzette ! 27
4. *Confort et élégance...* 33
5. Conseil à dix euros ? 41
6. Le cas Mathilde Garnier 49
7. Mais ce n'est pas une fille ! 59
8. Monsieur Léopold 65
9. À bon entendeur, salut ! 73
10. Avec un supplément d'olives...... 79
11. Luuuuuc........................ 85
12. Hou ! Hou ! 97
13. Chère X... virgule... 113
14. Seule, ou presque 123
15. Pluies intenses sur l'Ouest... ... 131
16. Avis de tempête ! 139
17. On part......................... 145

Quelques mois plus tôt…

18. Pff... 161
19. Popote ! 171
20. *Filles de rêve* 185
21. Carine 201
22. *Collège Mag ?* 209
23. Joyeux anniversaire ! 217
24. *Oups…* 223
25. Une majorité de ● ? 229
26. Petites rubriques 243
27. Interview ! 255
28. Assassins ! 265
29. Un euro, un ! 273
30. Avertissement 281
31. Qui est Juliette ? 289
32. Bonne chance ! 299

« Pour l'éditeur, le principe est d'utiliser des papiers composés de fibres naturelles, renouvelables, recyclables et fabriquées à partir de bois issus de forêts qui adoptent un système d'aménagement durable. En outre, l'éditeur attend de ses fournisseurs de papier qu'ils s'inscrivent dans une démarche de certification environnementale reconnue. »

Composition Nord Compo

Impression en Espagne par RODESA
Dépôt légal 1ère publication : mai 2013

20.3567.3 - ISBN 978-2-01-203567-6
Edition 01 - mai 2013